運の掴み方がわかる仕事術

人の心を動かすBusiness Method

山下塾 塾長
山下 勝也

大学教育出版

はじめに

「大衆の心を掴む」

これはとても難しいことです。ビジネスの世界に身を置く方ならば皆、大衆の賛同や共感を得られるよう、売れる商品、サービスを提供すべく努力されていることでしょう。

昔、ある蕎麦屋さんで松下幸之助先生（松下電器産業：現パナソニックホールディングス創業者）にたまたまお目にかかった際、「私どもは人のためになる商品を見つけ出し、生み出すのですから成功します」と仰いました。冬に冷たい水で家族の衣服を洗濯する母を見ていた松下先生は電気洗濯機を作ったそうです。

このとき、「大衆の心を掴むには、人にやさしくするのがコツである」と学びました。

どんなビジネスでも、「人のために」が基本です。

そして、それを実現するためには**「運」「人脈」「ひらめき」**が重要な要素なのです。

運を掴むということは、まずチャンス（運）に気付けるか否か。

多くの人は目の前の運に気付かず見逃してしまいます。常に好奇心と全てに感謝する心があれば、いつかやって来る運に気付けます。不満をもっていたり、イライラしているとと心に余裕など生まれません。

不穏な空気に反応してついイライラしてしまいがちですが、それでは全てが悪いほうへと導かれてしまいます。心に余裕を持ってポジティブで何にでも感謝しながら生きていることが大事です。つまり「徳（人徳）」を持つことで運と出会う機会に繋がってゆきます。

人脈を作るということは、ビジネスにおいては、必要不可欠と言われます。

いかにして人脈を作るのか？　それは「人生、意気に感ず」。つまり、人に頼まれ事をされたらノーと言わず、可能な限りその人のためにベストを尽くすことです。そうすれば、相手も一生懸命やってくれたことに感謝し、成果が出るか否かはさておき信用はしてくれます。その上で信頼をしてもらうには？

その人が願っていることや思っていることを察し、情報を提供してあげることです。そうすれば、必然的に信頼を得て強い人間関係を構築できます。では、情報を得るには？

それは足で集めることです。室内にいては生きた情報は聞こえてきません。

ひらめきで仕事を創るためには、「外に出て拾う」ことが重要です。与えられるものではなく、ましてや机上で考えることでもありません。

「プリクラ」の企画は、飯田橋駅のコンコースで2、3人の女子高生が証明写真機の中で変顔をして写ったりして大はしゃぎしているところを通りかかったあるメーカーの社員が、「若い人は何でもゲームにできるんだ！」とひらめいたことがきっかけでした。

「100円均一商品」。昔、社長が売れない在庫商品を軽トラに積んでスーパーに売りに行きます。そこのお客さんたちと軽トラに積まれた段ボールの商品についてやりとりするうち「全部一個100円でいい」としたとたん、見る見るうちに売れていきます。「そうか！　100円だったら売れるんだ」とひらめいたことが、100円ショップ、ダイソー誕生のきっかけでした。

すべて机上のビジネススタートではなく、リアルな日常現場からひらめいたものです。ひらめきが仕事を創ります。

さて、本書は、20代から中堅までのビジネスマンの皆さんに、「運」「人脈」「ひらめき」の拾い方から、チャンスの見つけ方がわかるように、ビジネス思考と行動法をご紹介するものです。

世の中は急速なデジタル化が進んでいます。ＡＩも日々進化する中、その過渡期にいる皆さんにとって、仕事のしかたや生き方などに期待と不安、そして不満を抱えているのではないでしょうか。

筆者自身、１９８０年代にWindowsに出会い、まるで〝黒船〟を間近に見たような驚きを感じて以来、超アナログ人間を自負していたのですが、２０００年代には携帯電話ツールを利用したプロジェクトに携わり、数百億円のビジネスにつなげた経験もあります。

そこでも感じたことですが、時代が変わっても人の心を動かすのは「人の感性」です。それこそが人間が持っている〝宝〟だと確信しています。

小中学生はデジタル端末を使って授業を受けています。デジタルは便利で素晴らしい。知らないことでも検索すれば答えを素早く見つけることができます。

しかし、子どもたちが物事を深く考えたり、熟慮する過程でひらめいたりする時間が失われないか？

そんな折、八尋真子さんという小学生の俳句を新聞の片隅に見つけました。

「教科書のページわずかで春近し」

デジタル端末でなく、紙の教科書の進み具合で、季節を感じる感性。たとえ時代が進化していっても、人の心にはアナログが生きていて、人の感性には心を揺さぶる力があるのです。

アナログなことであれ、デジタルなことであれ、普遍的なことを学びながら何事にも真剣に取り組むことによって、人の心を動かし、仕事を仕掛けて創り出すことができます。

本書では、仕事を切り拓くことのできる「Business Method」を、筆者の経験を踏まえ、皆さんが気軽に実践できるようエッセンスにしぼり、凝縮して語っています。

本書がどうか、読者の皆さんの「勇気ある一歩」につながりますように。

2024年7月

山下勝也

目次

1章 ビジネスマンのサバイバル手帖

Business Method

2章 できる人材になるために必要なこと

3章 リアルな人脈の活用法

4章 人材の活かし方

8章 会社は人財がすべて

1章

ビジネスマンのサバイバル手帖

Business Method 1

運の正体とは?

明らかに「運」は存在します。

それでは、運のいい人と悪い人とでは、何が違うのでしょう?

運とは、目に見えない雲をつかむようなもの。そこで、イギリスの心理学者リチャード・ワイズマンが、自分は運がいいと思っている人と運が悪いと思っている人合わせて400人を集めて実験を行った話を紹介しましょう。内容は簡単で、それぞれに新聞を渡し、紙面上に何枚の写真があるのかを数えなさいというものでした。

運が悪いと思っている人は答えに2分もかかりましたが、運がいいと思っている人は数秒しかかかりませんでした。どうしてでしょう?

運の正体は観察力だった

じつは実験で使われた新聞には、開くと上の段に、大きく次のように書かれていたのです。

「数えるのをやめましょう。写真は全部で43枚あります」

運がいいと思っている人は新聞を開くなり、すぐこの一文に気がつきました。だから数秒しかかからなかったのです。運の悪い人は、写真を数えることばかりに気をとられ、文章を一切読まなかったため、この一文に気が付きませんでした。さらに向かいのページには次のように書いてありました。

「この文章を読んだと伝えれば250ポンド（※約30000円）差し上げます」

運がいいと思っている人は、全員が250ポンドをもらったそうです。

どうやら運は観察力らしいのです。観察といえばシャーロック・ホームズの小説が思い浮びます。

ベル博士（医師）をモデルにして書いたものといわれます。その医師、ベル博士は最初に聴診器を胸に当てるのではなく、まず患者を興味深く見つめるのです。

その見つめる目こそ、病の原因を探し当てる観察力なのです。まさに〝名医〟でありました。そこで、名探偵シャーロック・ホームズの誕生、となったのです。

人生を好転させる心の余裕

筆者は20代の頃、広告代理店に正社員ではなく契約社員として採用してもらいました。

とりあえず生活のために働いていたのですが、時には無能な自分に失望し、人に天職などあるのかな？　と悩む日々。気晴らしに仕事の合間に会社近くのサウナに行くことも。

そんなある日、サウナの出口で靴を履こうと靴ベラを手にした時でした。隣に立った年上の男性が急いで靴を履こうとしているのに気づき、「お先にどうぞ」と靴ベラを譲ります。

その翌日。突然、社長室に呼ばれ、入社後初めて自分の会社の社長に会ったのです。なんと前日に靴ベラを渡した人が社長だったと知るのです。そして訳もわからずその日から社長秘書に。予期せぬ運を不思議に感じたものの、人は意外と見ているもの。

この出来事を通じ、心にゆとりをもった行動が幸福を呼び寄せるものなのだと確信します。

ビジネスは「あくび一つ」で終わってしまう

ホテルの大会議室で、政財界の人たちを集めての勉強会での出来事です。

入会基準はとても厳しいものでしたが、会員になることは一種のステータスでもありました。

財界のある有名な方の講演最中、一人の参加者が大あくびをしたのです。講演者は、あくびをした出席者に退席するよう命じました。その方はホテルの担当者に寄り添われ、控室で会が終わるのを静かに待ちました。

講演終了後、その講師にその方は丁重にお詫びをすると「一人のたるみが百人のたるみにつながるのだ」と諭し始め、二人きりでの時間に。

その日の講師とは、元大本営陸軍参謀として終戦を迎え、シベリアに抑留、帰国後に大手商社の会長として、世の経営者教育に情熱を注いでいた瀬島龍三氏。

20分ほど二人きりの時を過ごし、自分の失態に真摯に向き合い謝罪をしたことで、思いもかけず貴重なことをこの偉大な講師から学んだに違いありません。何が幸いするかわかりません。

人前であくびをしたり舌打ちをしたりすることは、まず人から嫌われ、そして運からも嫌われます。常にどのような人物にも敬意をもって謙虚に接する姿勢が大事です。

Business Method 2

天の時・天の声

1971年、日本マクドナルドの創業者、故・藤田田氏が銀座三越に路面店としてマクドナルド1号店をオープンしました。誰もマクドナルドを知らない、ハンバーガーさえどんな食べ物かわからない時代に銀座の一等地に出店。とんでもないリスクですが、藤田氏は当時こう言ったそうです。

「先手を打った者が一人勝ちする」※

※藤田 田『ユダヤの商人』（ベストセラーズ）より

先手を打っても大失敗

プリクラ（プリント倶楽部）が大ヒットした後、筆者はプリクラの余剰機を誰よりも早く中国で販売しようと動きました。中国でヒットすれば日本マクドナルドのように中国での市場が独占できると考えたのです。

結果、まるでダメ。まったく売れず、輸送費分がまるごと赤字になりました。当時、まだ携帯電話も普及していなかった中国の情勢も読めていなかった。プリクラは早すぎたのです。

アサヒビールの樋口社長にこの話をすると「神様がやりなさい、と言わないものをやってもうまくいくわけがないんだよ。天の声を聞かなくては。余り物をかき集めて売るような〝ハイエナ〟みたいなことはしてはいけないよ」と言われました。

たしかに、天にはビジネスの神様がいて、よこしまな心でもうけ話を進めても最終的に決してうまくいかないのです。

ビジネスは時が命

よく「天の時」「地の利」「人の和」といわれます。

物事がうまくいくのはタイミングです。そして場所も重要。さらに重要なのはその人の心、でしょう。

藤田氏は三越の1階に1号店を開くという地の利を得ました。天の時と人の和はどのように得たのでしょうか。

偶然にもマクドナルドのオープンと同年に、日本初の歩行者天国が銀座通りで実施されました。日本で初めて歩きながら食べるという文化が始まったのです。歩きながらハンバーガーを食べる！　アメリカンでカッコ良かったのです、当時は。

マクドナルドの前には人が溢れかえり、ハンバーガー片手に歩く男女の姿がテレビなどのニュースで全国に流れました。こうして日本中がマクドナルドを知ったのです。藤田氏は奇しくも〝歩行者天国〟という「時」を得ました。

当然、アメリカのマクドナルド本社には、日本の超一流商社もライセンスを貫おうと日参していました。さらに、小さな商社だった藤田商会にとって大きな壁が――。

それは本社から「第1号店は、必ず銀座に出店すること」が条件とされたから。常識的に無理だと思われた銀座４丁目の三越に1号店を出すことができたのは、彼の人柄と並々ならぬ情熱によって、多くの人の心を動かし、壁をついに突破したからなのです。

もしも、銀座通りが歩行者天国になっていなければ？　マクドナルドの知名度も売り上げもどうだったでしょうか。

中国にプリクラを持って行こうとした小手先の仕事には、当然「時の風」が吹くことはないということがよくわかります。

「できない理由」ではなく「できる方法」を見つけ出せ

Business Method 3

多くの人はできない理由ばかり挙げて、できる方法を探さないようです。不可能を可能にした研究者やエンジニアはたくさんいるのに、ことビジネス業務となると「できません」の連呼となるのはなぜなのか。

人事コンサルタントに聞いた話ですが、業務の効率化でリストラにあった中間管理職に限って、若手の企画に「それは無理」「前例がない」を連発し、新規事業をことごとく潰すのだそうです。

仕事は仕掛けることが大事

広告代理店で日本初のハワイ国際高校女子駅伝を開催することを企画・立案しました。

しかしアメリカの陸上連盟の許可や道路の使用許可の取得に想像以上に難航し、スポンサーもなかなか見つかりません。開催できない理由しか見つからない状況でした。中止するならすぐ中止にしないと大損害が出ます。しかし成功すれば、世界初のイベント。

この機会を逃すと二度目はないと思い、スポンサーを獲得する方法を選んでいる場合ではないと覚悟したのです。そこで、日焼けサロンに行って真っ黒に顔を焼いた後に、スポンサーになってくれそうな大手の薬局チェーンの社長にプレゼンに行きました。

それは賭けでした。日焼けをしていかにも〝ハワイ風〟なイメージを装ったのです。これで先方が乗ってくれなかったら、大会は中止。筆者は職を失いかねません。

ビジネスには演出も必要

先方の社長は、筆者の日に焼けた顔に気づいて「ゴルフ焼けですか?」と。

そこで「いやじつは、女子高生駅伝の準備でハワイに」と楽し気に企画内容を話しました。当時、ハワイといえば憧れのリゾート。そこで世界の女子高生たちの駅伝大会を開催するのです。

先方の社長は驚き「素晴らしいですね。うちも是非スポンサーに」とノッてきてくれました。第一関門突破。次にその足で大手化粧品メーカーに向かいました。大手薬局チェーンがスポンサーについたことを話すと「では弊社も」とスポンサーに決まります。

まさに綱渡りでしたが無事に大会開催にこぎ着けたのです。

もし開催を中止にしていたら信用を失い、二度とハワイでスポーツ大会を開くことはできなくなっていたでしょう。

ビジネスでウソはいけませんが、商談を円滑に進めるための仕掛けなり、演出なり、脚色などは、必要な要素といっても過言ではないのです。

できるための方法（手段）として、仕事は仕掛けるから仕事、というのだと信確しています。

心の処方箋 仕事はそこにあるのものではなく、創り出すもの。

Business Method 4

偶然を成功に変える勝負運

日本経済新聞の「私の履歴書」は、今まで経済人をはじめさまざまな分野で活躍された方の生い立ちから現在に至るまでを連載されています。

人生の岐路での出来事やご縁を語るときに「たまたま」という言葉が登場します。

「たまたま」は「偶々」と書きます。

人は「偶然」に起こった出来事をきっかけとして良い方向に向かった時、それを「偶然」とは言わず「たまたま」と表現します。

偶々《たまたま》とは？

「たまたま」を研究した人がいます。

その人の調査によると、成功した経営者のターニングポイントについて「たまたま」「運良く」と答えた人が8割だったことがわかります。

逆に言えば、成功の8割は偶然に左右される、という言い方もできますね。

いわゆるキャリアプラン、こうやって自分は成功するのだという計画にはほとんど意味がなく、偶然の出来事や出会いをどう成功に結びつけるかが鍵ではないかと思います。

なにも考えない強さ

しかし偶然の出会いがあったとしても、それに気づかず、それをつかめなければ成功には結びつきません。

あの時、ああしていれば…と後悔しない人はいないでしょう。運をつかむことはとても難しいのです。

心理学者のクランボルツは次の5つの努力を常に心掛けることで、「たまたま」に出会う確率を高め、成功に変えることができると言います。

好奇心：新しいことに広く興味を持つ
持続性：決めたことはやり通す
楽観性：いつでもチャンスはやってくると気楽に考える
柔軟性：こうしなければならないをやめて、臨機応変に
冒険心：先が見えなくても、行けると思えば踏み出す

いろいろな場所や人に会う（＝好奇心）ことで「たまたま」に出会う確率は上がります。

しかし、そう簡単には起こらないので、あきらめず（＝持続性）、気楽に構える（＝

楽観性)。そして予想外の方向から「たまたま」がやってきた時に、素直に受け入れ(=柔軟性)、未知の世界に躊躇しない(=冒険心)こと。

難しく考えず、気楽にいろんなことにチャレンジしてみましょう。それが「たまたま」との出会い方であり、成功の秘訣です。

一つ大切なのは、自分を救ってくれた「運」に対して謙虚にそして感謝の気持ちを込めて、偶然のことを「たまたま」と表現する人が多いことです。

心の処方箋 自分を自分から切り離して見つめると気づけることもある。

Business Method 5

偉人の成功の裏に「やり抜く力」

「あの人には才能がある、センスがある」と私たちは簡単に言います。その裏には「どうせ彼らは、努力もせずにできてしまうんだろう」というやっかみもあるでしょう。

アマチュアとプロのピアニストの練習量の違いを調査した研究があります。アマチュアの練習時間は週に3～4時間でした。プロは何時間ぐらい練習していたと思いますか?

ドイツのマックス・プランク研究所で行われた調査では、プロのピアニストは週に33時間、なんとアマチュアのおよそ10倍も練習していました。成功した人ほど練習に費やす時間は長いのです。

好きこそものの上手なれ

「1％のひらめきと99％の努力」と言ったエジソンは、世界初の電球を開発する時、2年間で2万個の試作品を作ったそうです。1日に3個ずつ、まったく違う電球の試作品を2年間作り続ける……。エジソンは寝ないことでも有名で、4時間睡眠で何十年も過ごしたそうです。

自分のひらめきを形にする努力を一切惜しまないのが、才能のある人なのでしょう。才能ある人は非凡な努力をし、努力する人には非凡な才能があるわけです。

皆さんも、好きな仕事に携わっている時、どんなに長時間仕事をしても疲れを感じず、むしろ充実感と達成感に包まれた経験はありませんか？

それこそが、やり抜く力という才能です。何に夢中になれるか、を自分で知ることが才能の見つけ方の一つではないでしょうか。

Business Method 6

武器になるのは得意なこととは限らない

「自分、不器用ですから」

往年の銀幕の大スター、高倉健のこの名台詞は、どうしても刀が上手に振れず、まるで野球のバットのように振ってしまうことへの言い訳から生まれたものでした。監督に何度か注意されるのですが、なかなか直らず「自分は不器用ですから」と言ったのです。

その言い訳がそのまま彼の代名詞となりました。不器用な殺陣がやくざ役に本物っぽい凄みと魅力を加え大ヒット。何が幸いするかわからないものです。

高倉健といえば無口なイメージですが、実際はひょうきんでおしゃべりな方だったそうです。

しかし九州なまりを恥ずかしがって、人前ではあまりしゃべりたがらなかった。それが彼を寡黙な男と印象づけました。

反対に博多弁を武器にしたのが武田鉄矢です。自分の武器は何だろう？　と考え、コンプレックスだった博多弁を彼は堂々と前面に出しました。

「こら鉄矢、なんばしよっと」。母親の言葉をも利用することで一世を風靡したのです。

弱点も自分の成長に生かす

高倉健さんは、不器用を一生演じ切ってイメージを確立しました。皆さんも自分の武器を意識するときに、作家ひすいこたろうの言葉「人は長所で尊敬され、短所で愛される。欠点は欠点ではなく〝自分に**欠**かせない**点**〟」を参考にしてみてください。

何も、特技や長所だけを武器と考えなくてもいいのです。

そこで、ご自身の短所は何でしょうか？

「飽きっぽい？」「体力がない？」「片付けができない？」

飽きっぽいというのは、裏を返せば好奇心が旺盛ということ。

体力がないことを自覚していれば、何事にも慎重になります。

片付けができない人は、総じて集中力があります。

スティーブ・ジョブズの部屋はゴミ箱のように散らかっていたとか。もしかして、自分はジョブズのような集中力があるかもと思えば、何も劣等感を感じることもなく、気が楽になるものです。自分の欠点をこうして見つめてみると、意外と楽しくなりませんか？

Business Method 7

「ポインター型」と「セッター型」どちらがよいか？

狩猟の本場のイギリスでは、狩りをする時に猟犬をレンタルします。「ポインター犬」と「セッター犬」の2種類があり、それぞれ「働き方」が違います。

「ポインター犬」は獲物の場所を見つけて教えてくれますが、単にそれだけです。初心者ハンターが撃とうとするとパっと獲物に逃げられてしまいます。

一方で「セッター犬」はハンターの腕を見抜き、撃ちやすいよう獲物を追い込む能力があるので、初心者でも射止める確率が高くなります。

長年たくさんの方に出会う中で、人間にも「ポインター型」と「セッター型」がいることがよくわかりました。

たとえば、自分の上司に指示された通りにアポイントを取るだけなら誰でもできます。いわば「ポインター型」です。

一方、上司に指示されなくても、相手を熟知し、アポイントの趣旨を配慮した上で上司が仕事を進めやすい状況をどうしたら創り出せるか？　そこまで考えられるのが「セッター型」です。

相手の特性を踏まえ、先を読み、動くのも部下の役目

部下の仕事に上司のスピーチライターのような祝辞の下書きもあります。

社長ともなれば多くの結婚式に呼ばれ、祝辞を述べなくてはなりません。そこで、相手がどのような企業でどのような仕事をされているか？　ご出身や交友関係なども調べ、祝辞を書いて社長に渡すのです。

しかし、多くの社長は部下の書いた祝辞をそのまま読むことはほとんどありません。祝辞の下書きを自分流にアレンジして話すからです。大臣ならば官僚の原稿をそのまま読むでしょう。しかしデキる社長はその場の空気を読み、即座に自分の言葉で話し、感動させ笑わせるものです。

自分の仕事や立場についてばかり考えず、部下は上司の立場を配慮する「セッター型」になることで、上司から信頼されるようになります。

人の心に寄り添い、動けるようになると、仕事の面白さに気付けます。

2章

できる人材になるために必要なこと

Business
Method 8

仕事の半歩先を考える

まさに今は転職が当たり前といわれる時代に突入。しかしこの現象は、裏を返せば簡単に社員を解雇する時代が来る前兆かもしれません。ＴＶやネットでも、転職サイトのＣＭを見ない日はありません。

アメリカのカリフォルニア州では、解雇通知は解雇の12時間前まで出せるようになっています。そのため、朝出社したら解雇を通知され、夕方までに退社しなければ警備員に連れ出されることもあるそうです。売り上げがトップになり、社長からカリブ海旅行をプレゼントされて喜んで旅行へ行って帰ってきたら席がなかったとか、日本では考えられないことが起きます。

柔軟性を持つことが必要

不用意に解雇されないためには、役に立つ人材でなければなりません。時代は変わっても、上司に重宝される部下のタイプは決まっています。時代の半歩先を行く商品が売れるといわれますが、仕事でも半歩先を考えて動く部下が重宝されます。

ある日本人が撮影の仕事でインドに行った時のことです。早朝、ホテルのロビーでスタッフたちと昨日チャーターしておいたマイクロバスの到着を待っていました。あまりにも遅いので、予約したレンタカー屋に行ったところ、店主の言い分は「あなたの後に来たお客のほうが好条件だったので、そちらに貸すことにしましたよ」とのこと。彼が即座に「では、昨日の私が出した条件の倍額を払います」と伝えると「あなたはラッキーな人だ。まだバスは配車していないから、あなたにお貸しします」。

人の足元を見て金額を吊り上げるのは、インドでは当たり前。値を吊り上げてくるのは織り込み済みでした。そこで彼はもともと予算の半分の額を提示していたのです。

海外で仕事をするには、何が起きても不思議ではありません。

ケースバイケースで対応できる心の準備と余裕がいかに大切かがわかります。

「何が喜ばれるか？」と常に考える

例えば、社長が出張する時は、せっかくなので営業がうまくいっていない会社を訪問できるように予定を組みます。営業マンと担当者だけではうまくいかなくても、社長が足を運んでくれたというと、話がつくこともありますから。社長が挨拶に寄ったことで、その地方の大手のスポンサーと契約ができた、という話もあります。営業担当には感謝され、社長も喜ぶ。売り上げが上がって〝三方良し〟。

ちょっとした気の回し方ひとつです。

Business Method 9

タイミングよく振り返り、整理する

煩雑な日々を送る経営者にとって、整理整頓の時間は多く取れません。キレイ好きかそうでないかとは別に、毎日新しいことを思いついては、考える前に動き出すのが経営者の特質です。どんどん整理されないままに業務が積み上がっていきます。

誰かが積み上がった情報や案件を整理し、流れを良くする必要があります。

気持ちよく上司をサポートする

社会において、人事異動や役職の変更はつきもの。それら情報を随時アップデートして、上司と共有することは、非常に重要なことです。

忙しい上司に代わり、関係各所の人事情報は新聞やネット、そして役員交代のごあいさつ状などでくまなくチェック。上司にはそっと情報を入れる。

例えば、パーティー会場や会食・面談の際にも、いち早く祝意を届け、話題の一つとして提供できるようサポートすることも、部下の務めです。

どのようなポジションの上司であっても、その上司の背中を守りサポートできることとは、上司に安心感を与えることになります。

部下は上司から言われてないから動かない、のではなく、常に上司がより良いパフォーマンスを出せるようにするのも立派な仕事です。結局その一つひとつの積み重ねが、自分自身のビジネススキルや人脈を広げることにつながるものです。

上司は部下の気持ちになり、部下は上司の立場を慮っていれば、良い関係が築けます。

Business Method 10

社内事情に明るくある必要性

サラリーマンが一番不満を持ち、ストレスに感じるものは何でしょう?

それは、自分自身の人事査定評価です。

経営者、役員たちの立場からは社内の人間関係は見え辛いもの。

そこで、部下としては上司に正しい人事判断をしてもらえるよう、正しい社内情報を伝えることも大事です。社員数が多いと情報も断片的になりがちです。

上司にどういう人かと聞かれた時、社内の噂話だけではなく、相手の性格や本音も踏まえられるよう、日頃から社内の人間関係に明るい必要もあるでしょう。それがもし的確な人事につながるなら、その人の能力を生かすことになります。人はつい、感情で人の好き嫌いを区別してしまいがちですが、公平な目で見ることが大切です。どんな人にも長所短所はありますから。

いかにして社内情報を収集するか?

基本的に、社内の評判が悪い人には、確かに癖のある人が多い。ところが、中には上司との意思疎通がうまくいかず、誤解されているだけの場合もあります。ですから、悪い評判を全て鵜呑みにしないことです。

人を誤解することが一番いけないことです。もしも、上司に報告する内容が間違っていれば、その人の人生を狂わせます。ですから、個人の情報を扱う時には慎重にしなければなりません。

では正しい情報をどのように仕入れたらよいでしょう?

本人と会って、難しいことかもしれませんが腹を割って打ち解け、本音で話し合うことが一番です。

誤解される裏には、必ず何か悩みや不満が隠れているはず。そこを見いだして悩みを共有できるようになれば、心が少し軽くなって周りに対するコミュニケーション力にも変化が現れるものです。

このように話を聴いていると意外な人との接点が見えてきて、社内の人間関係・流れが掴めるようになります。これこそ、生きた社内情報です。

社員の本音が出る場所とは

昭和の頃は、今よりコピー機は貴重であったためコピー室が設けられていました。伝票を渡し管理人の許可をもらって使うものでした。そこには部課を越えていろいろな人が来て、管理人にいろいろ愚痴や社内のことをしゃべって帰っていくのです。だからその管理人と仲良くなると、社内の人間関係がよく見えてきます。喫煙所でタバコを吸っている時は何故か油断をして、自分の部署のことをいろいろしゃべってしまうもの。その心理と一緒なのでしょう。

時代が変わっても、人はリラックスできる場所ではふと心が緩み、自分の置かれた環境や人間関係を口にするもの。それは自動販売機の前かもしれません。決してそこで耳にしたことを「噂」として面白おかしく扱うのではなく、社内の貴重な情報として尊重する姿勢を誰もが持つべきです。

心の処方箋 **社内の風通しは仕事力向上の源。**

Business Method 11

相手の人となりを想像する訓練

相手がどんな人なのか、見てすぐに判断するのは難しいもの。そこで必要なのが〝質問のコツ〟です。

「お控えなすって」という言葉をご存じでしょうか？　これは、やくざの仁義の時に用いる第一声。「あなたはどうか控えていてください。私の方から自己紹介をさせていただきます」という意味です。これが人の心を開く一歩。自分が先に名乗り、安心感をもってもらえることで打ち解けていきます。

ですから、相手を知りたい時には、質問する前にまずは自分のことから話すことです。例えば、年齢を知りたい時、先に自分の年齢を言うと相手も答えてくれます。出身地を知りたい時でも「私は九州ですが、○○さんはどちらのご出身？」と聞くと、たいていの場合その人の出身地を言ってくれますね。出身地がわかればしめたもの。そこから、いろいろと話題を拡げていけます。

ちょっとしたしぐさでわかる相手の性格

服装には人の性格が表れます。昔は、男は靴と時計を見ろといわれました。靴が磨いてあるか汚れているかで、キチンとしているかだらしないかがわかる。靴や時計のみならず、身に付けているものが清潔でその人に似合っていると、印象良く感じられるものです。

特に男性の場合、スーツの似合う人は仕事ができそうだと思われます。

ある中小企業の社長が部下を連れて、新規商談で喫茶店に行った時のこと。相手は愉快な男性で、立て板に水の如くしゃべっていました。気持ちよく話をして別れた後、その社長が部下に「今の人、素晴らしいだろう」と言うと、部下が予想外の返事をしました。「そうですかね」。

社長はその言い方にちょっと驚いたのですが、続けて部下は言いました。

「あんな人、信用してもいいのでしょうか?」

問題はコートの着方でした。

肌寒い季節だったのですが、その男性はコートの袖に手を通さず、肩に羽織っていたのです。

「あれは格好つけているんですよ。格好つけている人は、僕は苦手です」

それからしばらくして、その男性がらみで仕事上のトラブルがあり、部下が正しかったことが明るみになりました。格好をつける相手は信用できない、とは部下が教えてくれたことです。

心の処方箋 誠実な人には誠実な態度が自然と表れる。

Business Method 12

「ありえない」を組み合わせる勇気

時には発想の転換をして、良い仕事をする。そうした新しい仕事で喜んでくれる人も増えれば自分自身も嬉しいものです。

あるホストが売り上げを伸ばした理由

ホストクラブといえば、やり手のイケメン揃いというイメージがあります。しかし、中には何だか普通の人もいます。ある店でもそんな男性がいたのですが、特技のおかげで指名が途切れることがなく、売り上げは常に上位でした。どんな特技だと思いますか?

答えは〝手話〟です。

手話を一生懸命に練習したのです。聴覚障がいのある女性たちが集まり、その男性の指名は途切れることがありませんでした。水商売の女性に意外と障がいをもつ方も多くいるそうなのです。

あるホストが手話を必要とする女性が多いと着眼できたこと。そしてその女性の方々に楽しんでもらいたくて、心に届く手話を会得する努力をしたことで道が拓けたのです。

素人が打ち破った業界の常識

広告業界では同業他社が1つのイベントに協賛する、ということはありませんでした。

それは長年タブーとされていたのです。ビール会社のキリン、アサヒ、サッポロ、サントリーが同じイベントに協賛することはないということです。

ところで、今や浅草の名物となった〝サンバカーニバル〟ですが、当初は予算が足りずに四苦八苦。

「浅草おかみさん会」はそこでビールメーカー4社に協賛を頼むことを思いつきました。

もし、ビールメーカーに広告代理店が協賛の話を持っていっても、前例がないので断わられるのは明らか。おかみさん達は広告という意識は捨てて、各メーカーの販売部に話を持っていき、協力を依頼したのです。

「浅草おかみさん会」は浅草全ての飲食店を押さえています。もしおかみさん会からの申し出に対して「弊社は協賛できません」などと言おうものなら、そのビール会社は浅草で商売ができずに一大マーケットを失うことになりかねません。

こうして業界初のビール4社協賛が実現しました。

この業界を勢ぞろいさせるフォーマットは、ある女子高校の部活「マーケティング研究部」がお菓子メーカーでも実現。お菓子メーカーを集めて「女子高生が選ぶおかしな総選挙」という名前で女子高生だけの試食会を開催。最初は渋っていた各社も、女子高生の生の声が集まるというので喜びました。

新しいことにはリスクもありますが、うまくいった時の面白さはルーチンワークでは味わえません。素人は奇策とともに、新しい方法を考え出すこともできます。その発想力は、壁を打ち破る知恵を兼ね備えているのです。

心の処方箋　「前例がない」ところにチャンスあり。

3章

リアルな人脈の活用法

Business Method 13

人間関係と仕事の配線図

ビジネスはもともと、人と人との縁で成立していることが多いため、担当者が代わると契約が白紙にもどされることは珍しくありません。

そもそも誰との縁があり、どのような流れでこの仕事の取引先として存在しているのか？　前任者の前部長が取引先企業の社長と大学の同じサークルだったとかそんなバックグラウンドがあり、取引が始まっていることも少なくありません。

そうしたルート、つまり人脈の背景を熟知していれば、万が一トラブルがあってもすぐに対処することができます。それがわからなければ、担当者が代われば縁は切れてしまいます。

営業は人間関係がすべてという古い世界で、あの人がいるから広告を出すみたいな部分が少なからずあります。そうしたビジネスでは、例えばリレーでバトンを上手に渡すように、縁をつながなければなりません。人脈が途切れることは仕事の流れが途切れることと同じです。人の流れが電気の配線のようにしっかり結びついていることで仕事を機能させているわけです。

人脈データブックを作る

担当者が代わると白紙に戻ってしまう問題を解決するためには、人の流れのデータブックを作ることです。たとえばA社と会う前に、データブックを見ると弊社の社長の紹介でこういうプロジェクトがあり、その担当者は現在営業三課の課長で、といったことが書かれているわけです。だから会った時に、以前お世話になっていた誰某は三課で課長をやっております、といった話ができます。

そのために、社内の人事の流れと社外の人事を整理して、常時、アップデートできるように管理する仕組みを作るのです。

そのデータブックは全社的なもので、営業に限らず、外注や契約のある部課であれば、そうした内外の人脈の整理をしておくと役に立ちます。

心の処方箋 **仕事のできる人は、常に人の流れを頭に入れて行動できる。**

Business Method 14

コーヒー一杯で商談を成功させるコツ

人脈づくりといえば、昭和の頃は名刺がひと箱空になるまで帰って来るなという無茶なことを新入社員はやらされていました。令和の会社員から見たら、昭和はパワハラの宝庫でしょう。昭和ビジネスの根性論は合理性とは真反対ですからね。

今はインターネットで新規開拓もできる時代ですが、それでも人と人が会って話をすることから仕事が始まることもまだまだ多いようです。

何度も相手先に通って打ち解けた昭和と違い、令和はスピードも要求されます。

そんな時、コーヒー一杯で相手と打ち解けるにはどうすればよいでしょう？

無意識に訴えかける心理テクニック

相手と短時間で信頼関係を築くにはどうするか？　心理学では信頼関係ができることをラポールを形成するといいます。そしてラポール形成のための技術が研究されてきました。

心理的技術はいくつかあるようですが、筆者が使っていたテクニックは「好意の返報性」と「自己開示の返報性」です。これは相手から好意を向けられると、自分も相手に好意を持つという心理特性と、相手が気さくな態度だと自分も気さくになるというものです。

相手をほめて、自分のプライベートを話す

「好意の返報性」により、相手をほめると相手もこちらをほめようとしてガードが下がります。

相手が40代前半だとわかっていた時でも「失礼ですが○○さんは37才ですよね？」

と少し若く言う。これは男女関係なくです。「いや41歳ですよ」と相手が答えたら、「いや失礼しました、お若く見えたので勘違いしていました、申し訳ございません」と必要以上に恐縮して見せます。これで相手の気分が良くなり、こちらに好感を持ってくれる可能性は高まります。

例えば「静かなお店をご存じですね」と相手を間接的に褒めることもできます。こうした好意のやり取りでラポールが形成されます。

もう一つの「自己開示の返報性」を例にすると、意識して自分のプライベートなことを話します。「財布を無くしたかと思って駅まで戻ろうとしたら、右手に財布を持ったままで、バカですね」みたいな、仕事以外のプライベートな話をすると、相手は自分に気を許してくれているんだと安心します。

相手の真似をすると信頼関係が生まれる

もう一つよく使われるのが「ミラーリング」です。相手がアイスコーヒーを頼んだら、「あ、いいですね！」と自分も同じようにアイスコーヒーを頼みます。腕組みやひじをつくなどの仕草も、気づかれないように真似します。相手が笑ったら自分も笑う、など相手と同じことをすると、相手は無意識に仲間だと思うのです。露骨にやると、物まねのようでイヤミになので、さりげなく、ほどほどに。

恋愛では、相手をほめて持ち上げ、もてなすはずです。ビジネスも同じ。おもてなしの心がラポールを生み出します。

心の処方箋 仕事の相手は同性であろうと恋人に接するように。

Business Method 15

弱点を強みに変える提案

人には必ずコンプレックスや弱みがあります。貧乏で学校へ行けなかった、家族に恵まれなかった、学校でいじめられた、そういうコンプレックスはどれほど成功してもずっとついて回ります。

オンラインで商談が進む現在、こうした相手の持つ影の部分は見えにくくなっています。容姿にコンプレックスがあれば、顔写真をフィルターで補正する時代ですから、ましてや本音や弱音はまったく見えません。しかし見えないから「ない」わけではなく、むしろ見せないほどに影は暗く濃くなっているのではないでしょうか。

コンプレックスがビジネスを成功させる

筆者が最も尊敬する経済人の一人に、不動産業で大成功を収めた人物がいます。全国に展開し、誰もが名前を知る有名企業の代表であり、同時に出版会社の創業者でもあります。

ペンを持つ事業は彼のロマンでした。出版という文化事業を行うことは何かしら彼のコンプレックスの解消にもつながっていったのでしょう。

これは企業でも同じです。スポーツニッポン新聞社は自社の名前を冠とした大会の主催が少ないことがコンプレックスでした。親会社の毎日新聞社はマラソン大会や春の選抜、囲碁や将棋の大会を主催しているのに、スポニチにはない。

そこで広島での相撲巡業を企画したのです。スポニチ主催の大相撲広島場所です。これは興行としても成功しました。コンプレックスを持つことは決して悪いことではなく、むしろ必要なことです。単に自分の欠点を卑下するのではなく、向上のバネになるのですから。

成功者の多くは、自分のコンプレックスをバネにしているのです。

サラリーマン社長とオーナー社長の違い

Business Method 16

社長には創業者であるオーナー社長と雇われのサラリーマン社長の2つのタイプがあります。この2つのタイプは社長といってもまったく別物です。

サラリーマン社長とは、役員の中から選ばれたり、取引銀行が別の会社から招かれて社長になる人ですが、多くの社長にとって最初の2年は新入社員のようなもので、四方八方に気を使い、ブレーキを踏んでいるものの、しばらくすると慣れ、本人のカラーが出てきます。

オーナー社長は最初から全力です。サラリーマン社長は会社が倒産してもクビが飛ぶだけですが、オーナー社長は会社に自己資金が入っていたり、個人名義で金融機関に借金しているので、倒産したらクビではすみません。家も貯金も全部失います。だから本気度が違います。本気度は違いますが、それだけに破天荒な人物も多いのです。

オーナー社長には顕示欲の強い人が多い

新規のお付き合いをする際、相手の社長室に社長自身が有名人と肩を組んだりして写っている写真を飾っている場合は気をつけたほうがよいです。なぜなら、比較的自己顕示欲の強い人物が多いとされるからです。

しかしオーナー社長は決断力とスピードがあります。

「俺が言うんだから大丈夫」という度量もあるのです。

一方でサラリーマン社長は、あくまで役員会の一員であり、組織を重要視しなくてはなりません。そのために、稟議を通す分だけ時間がかかります。

オーナ社長であれサラリーマン社長であれ、自らの夢を運と努力でつかんだ同じ「社長」と呼ばれる立場でありながら、考え方はさまざまです。その社長の身になったお付きあいを心掛けると、彼らの人間性が理解できます。

Business Method 17

狙いを定めたビジネス企画

新規クライアントの獲得は企業にとって必要不可欠。

しかし、営業をしていると、どうしても口説き落としたいのに落とせない相手が出てくるものです。考え抜いた企画をいくら持っていっても、納得してくれない。もしくは、なかなかアポイントすら取れない場合もあります。そういう時は「将を射んと欲すればまず馬を射よ」の格言に従い、まずは相手のことをよく調べてみましょう。

趣味の会で人脈づくり

社長の奥様が歌舞伎に興味がある方が多いとわかったので、市川團十郎に交渉して囲む会を企画。営業の一環として各社の社長や重役の奥様にお声がけし、ホテルでの和やかなランチタイムを催したのです。皆さんも喜んでくださりこの会は恒例化。仕事もうまく運びました。

ただし、オーナー社長の奥様の場合には、堂々と参加してくださりますが、これがサラリーマン社長だと「こういうことをされては困ります」と逆効果になることも。ここで大切なことは、ビジネスを抜きにした関係を構築することです。共感できることを共有して人間関係は深まります。

最終的に、相手が喜び感謝してくれるように、想像力をもって策略を精緻に検討することが大切です。

時の話題・流行などをとり入れ、「会」の企画を実行することは営業の促進になります。例えば社長の年代ならば「将棋の会」「句会」などの趣味を通して人脈を広げられる可能性もあります。あなたの熱量次第でいくらでもいい結果が生まれるのです。

Business Method 18

今日の小魚は明日の大魚

日本人が飢餓に苦しむアフリカの村に、魚の養殖ビジネスを教えたという有名な話があります。養殖池に稚魚を放し、成長したら食料にするように指導したのです。

1年後、日本人が戻ってきた時、養殖池はどうなっていたでしょう？

魚が増えてビジネス化できた？　魚の養殖に向いていない土地で養殖は失敗した？

釣りの仕方を教えても

1年後にその人が村を訪れると稚魚は大きくなるどころか、日本人が去るとすぐに村人に食べられてしまい、池はからっぽで飢餓は続いていました。

魚を与えるより釣りの仕方を教えるべきだったともいえますが、釣りを教えても釣竿を売ってしまう人たちがいるのです。

ビジネスでも同じことがいえます。目の前の利益ばかりを追って小魚を食いつくし、腹が減ったと文句を言うビジネスマンは少なくありません。

投資し、じっくり育て、大きな実がなるまで待つことができないのです。

スポンサーを網で掬《すく》う方法

業績を高めることに悩んでいたある企業の社長がいました。

現在、日本には経団連（経済団体連合会）・日本商工会議所・経済同友会の経済三団体があります。日本の大手企業のみが加盟して成り立っています。

しかし、ベンチャー企業を主体とした経済団体はありませんでした。そこで、起業したばかりの会社だけの団体を作ればよいのだ、とひらめいたのです。

当時まだ創業したばかりの企業を集めて、その社長は経営ノウハウ、情報交換や各官庁との人脈づくりについて熱心に指導したのです。そして1985年、ニュービジネス協議会を設立。

その人は広告代理店の社長でした。社長は腹案として、信頼関係を構築し、魚を成長させ、網ですくおうと考えた。しかし、その会社の営業部員は経営者の腹案などつゆ知らず大反対。「広告一つ打てないような企業に、肩入れしても一銭にもならない」という理由からです。

成長の芽を育てる

結局、その社長が独断でプロジェクトを進め、努力して立ち上げたニュービジネス協議会はその後、会員企業の多くが日本を担う大企業へと成長。ドトールコーヒーやアパホテルなど。彼らの広告を優先的に扱うことで大きな利益を上げました。

もし営業部の言うことに従っていたら、将来の大きな利益を取り逃がすところでした。

これは逆も然りで、社員も、人を育てる意思に欠けた会社にいても成長速度は上がりません。
今も、小さなスタートアップ企業が毎日のように生まれています。成長の芽を見つけ、育てることのできる企業がネット時代でも勝ち組でいられるのです。

心の処方箋 **もしスポンサーがいなければ、自分でスポンサーを育てればいい。**

Business Method 19

コミュニティも1つのチャンス

ＳＮＳで簡単に人と人がつながる時代になりました。取引先の担当者がフェイスブックやインスタグラムをやっていれば、趣味や友人関係もすぐにわかります。「友達」やフォロワーをみれば、人間関係もわかります。

趣味でつながる人間関係から仕事が広がることもあります。囲碁の勉強をするのに初心者向けのサークルに入り、そこで有名企業の役員と知り合い、いつの間にか飲み友達から親密度が高まり、ＣＭのコンペに加えてもらって、仕事につながったという例もあります。

ＳＮＳでは、さまざまなジャンルの人と仲良くなることも可能ですね。

ただし、仕事関係者と安易にＳＮＳでつながってしまうとプライベートが全て知られてしまうことにもなりかねません。そこは注意して距離感を保ちましょう。

自分のコミュニティで人脈を広げる

「秘書の会」と称して、多くの企業の秘書同士で雑談をする会を年に数回実施したことがあります。やってみると、会社によって文化やルールの違いがあって大いに盛り上がり、他社の仕事への取組み方が大変参考にもなりました。そして横のつながりができたことで、その後仕事がスムーズになったのです。例えば、それぞれの会社社長のアポイントがとりやすくなった、などなど。

皆さんもさまざまな企業の同じ業種の方々と勉強会と称して趣味なども語りながら、各企業の取組みやシステム、価値観などを知ることは大いに参考になるのではないでしょうか。

まず、顔がつながればそこから新しいエネルギーが生まれます。

もちろん、今の時代は出してはならない情報もあるので、取り扱いには要注意、と心得ておきましょう。

枠組みを越えることは、必ず力になるのです。

心の処方箋 視野が広がれば、発想も広がる。

Business Method 20

人の心を捉えるには

いつの時代も送り迎えは大事です。お客様が来た時、担当者がエレベーターホールまで見送る慣習は今も残っています。お見送りをされると、大事にされている気がしてとても気持ちよく帰れます。ホスピタリティはいつの時代も大切だといえます。

顧客が離れる理由のトップは？

アメリカの大手スーパーマーケット「パブリックス」の集計によると、店舗から顧客が離れる理由は以下の通りです。

「死亡」「引っ越し」「より安い商品を見つけた」「ライバル店の登場」「店内清掃の不備」「表示の不備」「品ぞろえの悪さ」「レジの遅さ」「従業員の態度」などです。

他にも理由はありますが、顧客が離れる圧倒的に一番の理由は何だと思いますか？

スーパーなので、価格か品揃え？　レジ待ちの長い店も勘弁ですよね。

では正解は？

なんと70％の理由は、「従業員の態度」でした。商品の値段よりも品揃えよりも、従業員の態度で客は離れるのです。

これは業種を問わずにいえることでしょう。ビジネスにおいて、人間関係が最優先。1円でも安い商品を探す顧客相手のスーパーでも、従業員の態度が客の離れる一番の理由であるならば、ましてやさらに人間関係が複雑な職場では、人の気質が重要になってきます。

迎え3分、送り7分

おもてなしをするシーンでは、お相手が役員ともなれば、お出迎えも必要です。

「お出迎え」と「お見送り」、どちらが重要でしょうか？

日本では昔から「迎え3分、送り7分」とよくいわれます。お出迎えよりもお見送りのほうが重要だということです。

例えば接待がお開きになり、もしも雨が降る中、迎えに来た車でお客様が出発するとしたら、あえて傘を差さずに雨に濡れながら頭を下げて見送ります。少々あざといかもしれませんが、これが強く相手の印象に残るのです。ここが営業における「接待のテクニック」です。

相手に少しでも感謝されれば、その方の心の扉も少し開くものなのです。

心の処方箋 満足度を上げるには、ホスピタリティ、つまり人の真心があってこそ。

Business Method 21

メールばかりだから効いてくる挨拶状

年賀状の習慣も薄れつつあり、人生でハガキを一度も出したいことがないという人も増えてきました。消えつつある習慣ですが、まだ大切に続けている方もいます。

調査会社によれば、年賀状を送った人に限ってみると、来年も年賀状を送ろうと思っている人は76％。完全になくなることはないでしょう。

あえてハガキを出す理由

大抵の挨拶はメールやＳＮＳで済ませる現在、今さら手書きのハガキなんて、と思う人もいるでしょう。コスパが悪いと年賀状をやめてしまう会社も増えてきました。

やめるのは簡単ですが、急に年賀状が途切れたらちょっと寂しくなります。

縁の切れ目は仕事の切れ目。縁を結ぶには何年もかかりますが、縁が切れるのは一瞬です。人間関係は、じつは無駄があってこそ維持できる、と思います。

年賀状、暑中見舞いは当然、それに3月には〝春一番〟12月には〝気づけばもう師走〟と年に4回必ずハガキを出している方もいます。

この世の中、いくらでも新しい人間関係は生まれますが、人脈は真夏の雪だるまのようなもので、すぐに溶けてなくなってしまうもの。

挨拶のメールやSNSはフォルダー内に埋もれてしまいますが、アナログなハガキは手に取って目を通していただけて、今となってはインパクトも意外に大きいのです。

ハガキのメリットをうまく活用し、明日のビジネスにつなげましょう。

※参考「仕事での年賀はがき送付状況」に関するアンケート調査
https://prtimes.jp/main/html/rd/p/000000010.000105137.html

Business Method 22

「浅く広く」と「深く狭く」

あるスポーツ新聞の記者の話です。美空ひばり、という往年の大歌手の番記者は、彼女の家で家族の一員のように皿洗いも手伝っていたそうです。彼女が亡くなった際、彼は出棺の時に棺を担ぐまでの間柄になっていました。

そこまで深入りしないとスクープは取れない、ということでしょう。

記者に限らず、時には対象者と誰よりも強い信頼関係を持つことで生まれるビジネスチャンスがあります。

深い人間関係を大事にする

一方でビジネスにおいては、浅く広く、いろいろなところに顔を出し、可能な限り顔を広めることも仕事といえます。どこに商売のネタがあるかわからないので、広く浅く、顔の広さが武器にもなり得ます。

職種によっては浅く広いより、むしろ深くて狭い人間関係を築くことがビジネスチャンスを拡大させる場合があります。

人脈は真夏の雪だるまといわれます。大切な人との縁は心がけてケアする必要があります。

深く築かれた人間関係は、消えることはありませんから。

心の処方箋 努力は一生、チャンスは一瞬。

4章

人材の活かし方

Business Method 23

リーダー選びの考え方

ある会社で、社長が新しく支店長を決めようと3人の候補を選んだそうです。3人とも支店長になりたくてがんばってきた人たちです。

そこで、3人のうち1人を選ぶために、社長は意地悪な質問をしました。

リーダーにふさわしい素質とは何か?

社長は、「あなたではなく、あなたの部下から支店長を選びたい」と言ったそうです。

3人はそれぞれ次のように行動したのです。

1人目の人は、部下はまだ未熟なので、自分がやるべきだと自分を売り込みました。

2人目の人は、部下の悪口を言い始めました。出来の悪い部下を追い出すチャンスと考えているようでした。

3人目の人はAさんのここは自分より優れており、具体的にこういう成果を上げていると部下の良い点を挙げ、以上の理由からAさんを推薦しますと答えました。

社長は3人目を選びました。3人目の人は部下のことをよく見ているからリーダーとしてふさわしいと社長は思ったのか？　そうではないのです。

それはどんな理由だったのでしょうか？

部下の良い面をアピールした理由

社長が3人目の人を選んだのは、彼が部下のことをよく見ているだけではなく、部下の自分より優れている点をきちんと報告したことでした。長年会社員をやっていると、会社は競争社会であることがよくわかります。椅子の数は決まっているのに社員数は多い。椅子は圧倒的に足りませんから、熾烈な競争です。そういう中で、部下を自分の上りたいポジションに推すというのが、いかに異例なことかわかると思います。

自分の後釜や下のポジションならともかく、自分がなりたい役職に部下を推すことなどなかなかできません。あいつはダメだ、こういうミスをしたと足を引っ張りたくなります。推薦するとしても、厄介払いができるとばかりに部下で一番出来の悪いのを押しつけてくることもあるでしょう。

部下の良い面を挙げて、いかに適材であるかを説明した3人目の人は、なぜそんなことができたのでしょうか。

経営者の視点に立つ人物をリーダーに

3人目の人は経営陣と視点が同じだということなのです。一段階高い視座から経営を見ていて、自分が支店長になる・ならないという近視眼的にならず、会社の利益のために人材をどう生かすかを考えている。だから部下の良い部分を報告できるのです。

幹部候補とは「自分で考える社員」とよくいわれていますが、言い換えれば「経営者の視点で仕事をする」ということでしょう。そういう人がリーダーになると、必ず

「縁」とチャンスに恵まれる。無駄な駆け引きや足の引っ張り合いはなくなり、売り上げをいかに上げるかに全力投球します。

心の処方箋 役職にある人こそ「経営者の立場で考える社員」であれ。

Business Method 24

社内の人材チェック方法

社内の優れた人材を見抜いて責任ある仕事につかせることは、思った以上に難しいものです。

地方自治体とある会社で手掛けた北海道の夕張炭鉱の再生プロジェクトがありました。潰れた炭鉱を赤毛のアンをテーマにしたテーマパークに変えたいという企画です。

しかし、人口減で人気のない夕張に名乗りを上げる人はいません。

そこで、誰を責任者にするか？　社長は総務部の無口な男を指名しました。目立たない人でしたから、多くの社員は社長の意図がつかめませんでした。

彼は気持ちよく北海道のサビれた炭鉱の町へ行きました。そして、2年がかりで見事に地元に溶け込んで人気者になり、地元の人たちと一緒になってテーマパークを成功させたのです。

そのサクセスストーリーはＮＨＫでドラマにもなり、今も社内の語り草になっています。

隠された良い面を探す努力

なぜ社長は彼の能力に気付けたのでしょうか。

多忙なはずの社長ですが、多くの社員の顔と名前を覚えており口調をまねたり、ニックネームを付けるのがじつに上手だったそうです。

他人の隠された一面を見つけることはとても難しいものですが、世の中には人の本質を見抜く天才がいるものです。その方の多くは総じて好奇心旺盛な特徴があります。人を見る時は、常にその人の本質を見ようとします。

人は相手によって見せる面を変えるものです。多面的に話題を投げかけてみると、その人の本当の姿が見えてきます。思い込みや見かけの印象を捨て、相手のことを理解しようと努力することで本質的なことが見えてくるのです。

社員の配置は「適材適所」といいます。この言葉は、もともとは日本建築の木材の使い分けを意味したものです。木の本質を見抜き、肌触りの良い針葉樹、固い板となる広葉樹などを上手に使い分ける技でもあります。人事においても社員の人格など「本質」を見極めることが大切です。

Business Method 25

社長の本音を汲み取る力

社長は「あいつを辞めさせろ」が口癖です。

たとえばエレベーターで社員と乗り合わせた若手社員がドアが開くやいなや、我先にと降りて行きました。社長がひと言「あいつを辞めさせろ」。たしかに無神経な行為でしたが、そんなことで辞めさせていたら、会社には誰も残りません。

社長をとりなしつつ、その社員には「3分だけ時間をもらったから、すぐに社長に謝りに行きなさい。土下座でも何でもするぐらいの気持ちでいなさい」とアドバイスする人も必要です。

なぜなら、社長は憎くて辞めさせようとは決して思っていません。この発言は今の時代なら「パワハラ」です。ただ本心は、ここはお灸を据えておかなければ、社会人として成長しないとの親心だったのです。そこを汲み取って、本人を指導することができる人材もいるとその企業は成長するはずです。経営者と社員の間の通訳としてのマネージャー役は必要です。社員は会社の宝です。

「一つのカギでは全部のドアは開かない」

誰にでも適材適所があり、逆にいえば何でもできる人もいません。社内における自分の適性をしっかりと再認識してみてください。

心の処方箋 企業はチームワーク。リカバリーする人材も必要。

天才と天然は紙一重

Business Method 26

経営者には天才と呼ばれる人がいます。

セブンイレブン元ＣＥＯの鈴木敏文氏は、以前、出版流通の大手トーハンに勤務していました。当時、出版社が返本の山で倒産をするのを何度も見てきたそうです。

鈴木氏はリアルタイムに本の売れ行きを正確に調べるべきだった、それが自分たちの仕事だった、と反省したそうです。

セブンイレブンを任された１９７４年当時、鈴木氏はすぐにアメリカからＰＯＳシステムを導入し、妥協を許さず在庫管理を徹底的に行いました。余剰在庫を作らない今の流通システムを最初にビジネスに実践したのが鈴木氏といわれています。ＰＯＳ

の導入で流通は激変し、コンビニのきめ細かな商品構成も可能になったのです。

経営の天才は視点が違う

アサヒビール中興の祖と呼ばれる樋口廣太郎氏が経営を任された1986年当時、会社はビール瓶を作る予算に事欠くほどの事態で、つぶれかけていました。対策を考えていたある日、樋口氏は出張帰りの新幹線内で、乗客が空のビール缶を窓際に並べている光景に目が留まります。

「これからは、缶ビールが主流になる」

現在、瓶ビールは居酒屋が主流になっていますが、当時缶ビールは珍しく、ビール会社も手探りで販売している時代でしたが、缶ビールは瓶の回収や再生のコストがかかりません。

そこにスーパードライが誕生したのです。スーパードライは缶を中心に売ることを明確なコンセプトとしました。ちょうど、コンビニが増え始めていた時代。売り場面積がスーパーより狭いコンビニで、冷蔵の商品棚にも大量に置きやすい缶ビールは主流となっていったのです。樋口氏の読みが見事に時代の流れにマッチして、アサヒビールは復活します。

缶ビールの訴求のために「破れた恋と缶ビールの空き缶はお近くのくずかごへ」と、各種の講演会で大いに熱弁をふるっていました。

会社を盛り上げるため、あらゆる努力をしていたのです。

天才と呼ばれる経営者とお会いしていつも思うのは、視点がいつも新鮮だということです。自分たちの商品や事業を見て、気が付きにくい欠点や長所を見つけ出します。そしてその素直さをそのまま経営にぶつけます。フラットであり真っ白な点はまさに「天然」です。素直な視点は、その特性から社内でも共感を得られやすいはずです。少しでも素直な目で物事を見ようと心がけたいものです。

Business Method 27

成功者になりたければ多動症になれ

経営者には落ち着きのない人が多いといわれます。

ある社長の話ですが、飲みに行くとすぐに立ち上がって店内をフラフラと歩き回り、10分とじっとしていないとか。酔っているわけではなくて、周りが気になってしょうがない。他のテーブルの人と話し込んでいると思ったら、店員に話しかけて、戻ってくるなり「タコの唐揚げとイカの唐揚げはどっちが売れていると思う?」と、多くの人にとってはどうでもいい話を真剣に仕入れてくる。この社長は、決して多動症などではなく、あらゆることに人一倍好奇心が強く、情報収集していたのです。

社長の個性に気付く

社長の中には、平均的なバランスに欠けている人もたしかにいらっしゃるでしょう。一般的な人に比べて、突出した才能がある反面、何かバランスを欠いた面もあるかもしれません。他人の話を聴けない、じっとしていられない、モノをよくなくす…。その代わり、驚異的な集中力やマルチタスク処理能力、並外れた記憶力をもつ人が多い。よく、有名な経営者ほど発達障害の傾向をもつといわれますが、病ではなく一つの立派な個性であると捉えることができたら、言動への理解ができるようになります。

そこから、成功のための俯瞰的な行動につなげてゆけることになるのです。

心の処方箋　すべてに興味を持ち「観の目」を養おう。

Business Method 28

人材は理屈よりも現場で育てる

新人教育も様変わりして、今はオンライン教育の比率も増加していると聞きます。質の高い講師の話を聞けるのはメリットですが、実践に勝るものなし。OJT（On-the-Job Training：現場研修）に勝るものなしです。実際、新しい企業ほど新入社員をOJTとして現場にポンと出すようです。古い会社ほどマニュアル研修にこだわります。

現場を歩かなかった新人記者

現場を知らずに大きく間違えてしまった例があります。母親がわが子を死なせる事件があり、あるスポーツ新聞に『鬼畜の母、娘を餓死させる』というショッキングなタイトルの記事が出ました。今ならあり得ない見出しです。警察の発表を鵜呑みにして社会部の新人記者が書いた記事でした。この見出しに、その新聞社の社長は記者を早々呼びつけて本人に訊《き》きました。

「鬼畜の母って、どういう顔をしているんだ？　今どきそんな母親がいるのか？君は会ったのか？」めずらしく社長は詰問しました。まさに「女性が読まない新聞は滅びる」を社の一大スローガンとした矢先でした。

新人記者は警察発表を丸写しで、それに目立つ見出しを付けただけでした。社長は直ちに真実を自分の足で見つけるよう指導して彼にチャンスを与えました。

新人は現場で育てる

叱られた記者は現場に出向いて取材をやり直しました。すると警察発表では見えなかった事件の背景が見えてきました。

犯人の母親は1人で子ども2人を育てており、冬の日に母親が外で倒れたために、家に残された子どもが餓死したというのが真相でした。鬼畜どころか子どものために必死に働くシングルマザーの悲劇であり、隣の子どもが飢え死にしても気が付かなかったという、都市生活の持つ歪みもあらわになった事件だったのです。

実際に自分の足で現場を歩いてみないと本当のことはわかりません。新人記者は現場を回るという記者の基本を怠っていました。これはどんな仕事でも同じです。時間がかかっても現場で一つずつ体験し、多くの人と会ってもまれて、初めて人は成長するもの。

新人記者は「記事は足で書く」ことを学んだのです。

心の処方箋 **記事も企画書も足で書こう。**

Business Method 29

部下からの嫌われ方

上司に嫌われてもいいと強がる人も、部下から嫌われたり、疎まれるのは堪えるでしょう。しかし部下に嫌われていることに気づかなければ？

じつは部下から悪口を言われる上司には、自分の悪口に気づかない鈍感さがあります。だから部下に嫌われているのです。

そのような上司は部下に悪口を言われてもなぜ気づかないのか？　どんな上司が悪口を言われてしまうのか、ちょっと考えてみてください。

悪口を言われる上司に共通する特徴

部下に悪口を言われる上司は、部下のことを見ていません。では何が目に入っているかというと、上です。そういう上司はさらに上の自分の上司のことしか見ていません。自分の評価につながることはよく見ていますが、それ以外は目に入っていないのです。

魚でいうところのヒラメみたいに上だけを向いて泳ぐ社員で、こういう人は上司の機嫌取りしか考えていないので、そこそこ早く出世します。上に気に入られることしか考えていないので、部下には嫌われますが、部下のことを気にもしていないので悪口も耳に入りません。

上を見て、しかし愚痴は聞く

会社の人間関係は競争が基本ですから、自分に懐いて何でも相談してくれたり、報告してくれたりするとかわいいものです。部長は局長にすり寄り、課長は部長にすり寄り、部下はそんな上司たちを信用も信頼もしていないということがよくあります。

部下に嫌われないためには、部下の愚痴は聞いてあげることです。自分への悪口も含めて、愚痴はできるだけ聞くようにしましょう。対応する必要はありません。ただ聞くだけでよいのです。愚痴は単なるガス抜き、たいして深く考えて口にしているわけではないからです。それだけで、あの人は意外と話を聴いてくれる人だと評価が上がります。

上司ばかりを見ていたら部下に嫌われ、部下のことばかり考えていると、上司からは自分を無視しているのではと思われてしまい、このバランスをとるのは難しいもの。

人のいい上司ではなく、人柄の良い上司であること。少なくとも、部下を平等に可能な限り面倒を見るというのが一番必要なことです。

Business Method 30

上司には気を使え、部下には金を使え

上司に恵まれるか、そうでないかでは天と地の差。

「上司に気を使え、部下には金を使え」

上司に気を使えというのは、上司のグラスが空いたら酒を注ぐという気の使い方ではなく、「常に気配りを」という意味。上司にタイミングよく連絡・報告をして、時には相談にも乗ってもらうこと。これが意外と大切なことです。

人には自分を信じてくれる相手を信じるという心理があります。ですから、密なコミュニケーションが大事といえます。

〝笑顔で部下を叱れる〟上司になる

時には、部下にお金を使うことも必要です。たまにはランチでも奢って、悩みを聴いてあげると、意外と部下はうれしいものです。部下にとってみたら、自分のことを認めてくれて大切に思ってくれている上司なのだと思えればモチベーションも上がります。上・下でなく、時にはフラットな立場でコミュニケーションを取ることも大事です。

円滑な関係づくりには、ちょっとした気遣いとして多少のお金を使ってみるのもよいことです。

とはいえお金を使えば部下が育つかといえば、そんなこともありません。

叱らなければならない場面もあるでしょう。その時には、絶対に人格の否定はしないこと。本人は良いことをしたつもりでも失敗することがよくあります。そこは認めて、追い込まないように。

コーヒーでも飲みながら、笑顔で部下を叱れるような間柄を作れる上司には、部下もついてきます。

Business Method 31

人を生かしてマーケットを創る

次の質問にあなたはどう答えますか？

問い　氷に閉ざされた極地にエスキモーは住んでいます。
彼らに氷を売る方法を1つ挙げてみてください。

氷に囲まれて暮らしているエスキモーに氷を売るなんて、バカげていると思われるかもしれませんが、その前に、モノが売れるとはどういうことなのかを考えましょう。
必要な理由があればモノは売れます。氷が必要なシーンを想像してみてください。

売るためにニーズを創り出す

答えは、「ウイスキーを売ること」でした。

１８６７年にアラスカがアメリカの植民地になるまで、エスキモーは酒を飲んだことがありませんでした。そこにウイスキーが上陸、あっという間にエスキモーは酒飲みだらけになります。

そしてこれまでなかったバーが乱立、オンザロック用に氷がどんどん売れたのです。

似たような話があります。

１９７０年代、ある商社マンがインドで靴を売るように言われました。当時のインドは、一般の人はもちろん、ビジネスマンも全員サンダル履きでした。気温が５０度にもなる高温多湿の国で、靴なんか履けません。

インドの人には靴を履く習慣がありません。そこにはマーケットが無いと思う人が普通でした。しかし、その商社マンは靴のマーケットを創り出すことに成功します。

彼は一人の大学生と仲良くなり、当時のインドの大学生のニーズを見つけました。スニーカーです。

若者の文化は世界共通、インドの学生はスニーカーを欲しがっていたのです。そこで大学生を相手にスニーカーを無料で配布しました。韓国のサムスンが携帯電話で世界シェアトップをとった手法です。最初に無料で配布した相手は、次からは必ず自社の顧客になるという戦略によって、サムスンは成功しました。

さて、スニーカーを一度知った大学生は、サンダルに戻ることはありませんでした。若者はスニーカーを履くという文化が、インドにも誕生したのです。今では学生に限らず、多くのインド人がスニーカーを履いています。

ビジネスマンならば、「ニーズがないから売れない」と考えるのではなく、ニーズに気付ける感性を持って、自らマーケットを創り出す気概も必要です。

マーケットとは、ファンの塊といえます。ファンが集まればマーケットになるのです。

心の処方箋 仕事は観念ではなく、まず実践から。

Business Method 32

いいチームの作りかた

会社員は会社の中で人間関係が出来上がってしまい、その濃密な集団が、新入社員や転職者を排除することがあります。これは心理学用語で「黒い羊効果」と呼ばれます。白い羊の群れに黒い羊が一匹いるといじめられるという聖書の故事に由来し、集団内の結束を固めるために、わざと仲間外れを作る心理現象のことです。

黒い羊は目立つ人間

黒い羊効果は会社だけではなく、村へ移住してきた人と村民との軋轢、テレビ番組で特定の芸能人を使わなくなる、ＳＮＳでの誹謗中傷など社会全体に広く見られることから、普遍的で根深い人間の本性のようです。

黒い羊効果の興味深いところは、多くの人は集団の外にいる時は何も問題がないのに、集団のメンバーになった瞬間から無視やいじめを厭わなくなる点です。

黒い羊に選ばれるのは、他の人と違うことをしたり、目立つ人です。

黒い羊を生む集団とは？

黒い羊ができる集団には、２つの大きな特徴があります。

それは、「人員が多すぎる」「仕事が暇」ということです。

人が多いと感情的な衝突は増えますし、暇だとろくなことを考えません。そこでいいチームをつくるには、まず人員を整理し、仕事のグレードを上げればいいのです。

適切な規模で仕事を充実させたら、黒い羊を作る必要のないチーム作りができます。

Business Method 33

自分が大切ならば相手も大切に

社内やグループ内にはどうしても意見の合わない人がいるものです。

やがて、その人に対して苦手意識を覚えてしまいます。ではどうすればよいでしょう?

答えは、その人とあなたが、まず〝何について意見が違っているのか〟その原因を見つめ直すことです。自分と意見が違うからといって、その人の全てを否定するのはやめましょう。

「意見の違いがあるということは、その人が自分にはない世界を持っている」と思えばよいのです。相手も不思議とこちらを認めてくれるようになるものです。

人は敬意を表わされると自分が認められたと感じ、心を開いてくれるもの。

このように心を開き合って互いの意見を擦り合わせれば、お互いを理解し連帯感も生まれ、良い関係構築につながります。

決して心のシャッターを閉めないこと

もし職場に苦手な上司や先輩がいたら、努力して、苦労して好きになるか？

それでも無理なら会社を辞めるかです。ただしこの選択はかなり難しいですね。

そもそも組織は縦社会で年功序列。そんな中で価値観の違いや無条件に気が合わない人がいると始末に負えないもの。イヤミ、イビリ、ときには誤解をされ人格を無視される…。

そんな人との付き合いは、まずあなた自身から〝バカ〟になってあげることです。

何かイヤミを言われて悔しくて涙が出るような、そんなプライドは捨ててバカになること。

そして、相手の懐に飛び込んでみる。そうすると思いもよらない相手のことが見えてきます。意地悪や高圧的な態度をとるそれなりの訳や事情がわかってきます。

まず「自分も悪いのだ」という自責思考を持って、相手ばかりを悪く思う気持ちを捨てることです。

「じつは、人はみんな悩み、苦しんでいるのだ」と察することを心掛けてみる。そのように自ら苦手な相手への接し方を変えてみてください。そうすると相手の態度も変わり、やがて相手からの言動も自然と柔らかくなります。

ここで、ヤマアラシのジレンマの話。

全身針だらけの2匹のヤマアラシが雪の中で寒さに耐えるため、互いの体温で温め合おうとします。しかし、近づきすぎると、相手の針が自分の肌に刺さって痛くてたまらない。

離れればぬくもりを感じられず寒くて耐えられない。どうすればよいのか？

それは、最大限のぬくもりを、最小限の痛みで得られる距離を模索することです。

組織や集団生活であるからには、今後も最小限の我慢は必要です。そして相手の良いところを認め、最大限のリスペクトをする。このように上手な距離を探るのも解決策の一つです。辞めるのはいつだってできるのですから。

心の処方箋 相手を変えようとするのではない。勇気と努力をもって自分を変えようとすることだ。

5章

ヒットには仲間が必要

Business Method 34

組織の垣根を越える

仕事を進める上で、他部署や違うジャンルの業種の人と一緒にやっていく必要が出てきます。業種によって物事を捉える方法には違いがあり、営業と経理と制作では、同じプロジェクトでも視点がまるで違います。そうした違う視点を持つ人たちがうまく円滑に仕事をするにはどうすればよいでしょうか?

普段から付き合いを切らさない

日頃から他部署との交流を積極的に行っている会社は別として、一般的には同じ社内でも他部署間の交流はそう多くはありません。部署が違えば同じ会社とは思えないほどの違いが見受けられることもあります。それぞれの立場での見方をもって仕事に取り組んでいると、カラーも違ってくるものでしょう。でももし、他部署とチームを組んで仕事しなければならなくなった場合、やりづらい事態も生じます。

そのような時に困らないように、日頃から横のつながりを築いておくことです。同期のつながりや、以前在籍していた部署や、プロジェクトメンバーなどとその後も情報交換などをしながら交流を深めておくことです。また、直接仕事を一緒にしたことがなくても、同じ社内ですから何かしらのコンタクトがあればすれ違う時に挨拶をする、一言二言にこやかに会話をするように心がける。いざという時でも、話しやすい間柄であれば、随分スムーズに仕事に入れるでしょう。

他部署の人との付き合いが仕事を助ける

組織は稟議書や、伝票・書類などで動くので、回覧し終えるまで時間がかかり、ビジネスチャンスを逃しかねません。それを回避すべく現場判断で先に動き、あとで報告することになります。そういう時のために、稟議がなくても動いてくれる他部署の仲間との関係を構築しておきましょう。お互いに損得抜きで動けて、一緒に仕事をしたいと思える相手になっていることが、何よりも大事です。

趣味で通っていたシナリオ教室で、たまたま保険会社の宣伝部の人と知り合い、その縁でCMのプレゼンに参加したことがあります。稟議を上げる時間がなかったため、仲の良いコピーライターとディレクターに声をかけました。

ざっくりシナリオを書いて、コピーライターがセリフやコピーをブラッシュアップし、ディレクターがコンテを書いて、無事にプレゼンに勝ちました。

この柵越えは会社に内緒だったので、そこから稟議を上げましたが、プレゼンに通った後なのでそのまま同じメンバーで最後まで一緒に仕事ができました。このように、普段から他部署の人とも気持ちを通じ合わせておくことが仕事の上で大切なことです。

今では会社も働き方改革の一つとして、従来の人事構成の縦割り組織ではなく、リーダーの下に営業担当、マーケティング、クリエイティブ等それぞれのメンバーが1チームとなって仕事を完結させるスタイルが主流になりつつあります。

Business Method 35

上司に口を出させないコツ

何かをやろうとすると「俺は話を聞いていない」と言い出す上司、いませんか？

新しいプロジェクトを始めようとすると、何かひと言言ってくる。今、現場で一番問題になっているのが、検討に検討を重ねた結果、「やらない」と決める会議です。

何かを決めようとすると、中高年社員がこんなリスクがある、あんなリスクがあると言い始め、長い時間をかけて会議をしたあげくに「やめよう」となってしまう。経験値のみでものを言う先輩も多いのです。

前向きに物事を進めようとすると、ネガティブなことを言う人もいます。企画がストップすると、会社の損害を未然に防いだと自慢する上司もいます。

ネガティブな声を消す方法

新しいことを始めるのは大変で、何もしないのは簡単です。何もしないことを仕事だと思っているようなベテラン勢には、顔をしかめる若手も多いでしょうが、現場からそれを直言するのは意外と難しいでしょう。

こうしたネガティブな声と現場が戦う方法は2つしかありません。

一つはポジティブな考えを持つ上司に協力を仰ぐこと。ネガティブ思考の上司よりも優秀な上司は多くいます。未来を見据えた時に、プラスになると判断してくれる上司を見つけて、援護射撃をしてもらうことです。「寄らば大樹の陰」作戦ですね。

ただし人間性はリスペクトできたとしても、仕事面では〝ただのいい人〟もいるので要注意です。

覚悟と熱意で押し通す

もう一つは覚悟を見せることです。

上司を無視するのではなく「責任は自分がとるからやらせてください」と本気である覚悟を見せる。文句を言うベテラン社員は、責任をとる覚悟がないからリスクばかり挙げているわけなので、本気の人間には何も言えなくなります。

やるべきであると思う仕事であれば〝真剣〟な姿勢で挑む。そこが大事です。

ビジネスマンは最終的に「良い結果」を残すことだけが望まれます。

周りに何と言われようと、これはやらなければいけないと思ったら、やり抜きましょう。

本物の熱意は人を動かします。

上司に反対されたからすぐにひっこめる程度の気持ちならば、結局のところ誰も応援してくれません。

心の処方箋 **一度は死力を尽くしてやってみること。**

Business Method 36

不可能の壁を越えるのは情熱

不可能だと否定されながらも、情熱を持って突き進み、時風に乗って成功した方を何人も見てきました。なかでも印象的だったのは、経営者でも学者でもない、予備校講師の青年でした。

90年代ガラケーの時代に、携帯小説というジャンルがありました。小説を本ではなく携帯メールで配信、登録者が読むというメルマガのようなコンテンツです。

世界初のケータイ小説で、書籍版がシリーズ累計270万部という空前のヒットとなった『Deep Love』という作品のプロモーションを筆者は引き受けました。その理由は作者のYoshiに魅了されたからです。

正直な話、プロモーションを担当しておきながら、『Deep Love』をろくに読んでいませんでした。彼の小説の内容よりも、彼が着目したシステムこそが最大の魅力だったからです。同作の作者であるＹｏｓｈｉは非常にユニークな発想をする人物で、起業家精神にあふれた青年でした。

リピートされるコンテンツは何か？

Ｙｏｓｈｉは予備校講師として数学を教えていましたが、経営陣と話が合わず失職します。

失業中、当時配信が始まったばかりのｉモードの存在を知ります。ｉモードはそれまで電話やメールしかできなかった携帯電話に、今のスマホのような各種アプリとコンテンツ表示の機能を持たせたサービスで、彼は携帯電話ショップの店先でｉモードを触っているうちに直感したそうです。

「俺はｉモードのコンテンツを作って成功する！」

当時ｉモードのコンテンツは天気予報や占い、株式情報など、そのときどきで気が向いたら見る種別のコンテンツばかりで、見続けたくなるコンテンツはありませんでした。

そこで彼は携帯電話のメールを使った小説の配信サービスを始めます。

彼は小説家になろうとしたのではなく、iモードのコンテンツメーカーになろうとしたのです。この立ち位置の方向性が正解だったのだと思います。

ターゲットは女子高生。彼が着目したのは「女子高生は群れる」。そして、拡散しやすいという特性です。そこで彼女たちに向けて、女子高生の実話風なストーリーを携帯電話に配信するという、企画とマーケット戦略を立てました。

メルマガ配信が大ブレイクへ

彼は今のX（Twitter）のようなことを小説『Deep Love』の世界で始めたのです。文脈も何も関係なく、女の子たちから届いた声をどんどん内容に入れていく。女子高生から感想や自分たちの体験が集まるようになってから、会員数が急増します。

結果的に小説なのか読者コーナーなのかよくわからないものが配信されるのですが、

その斬新さが爆発的なヒットにつながりました。「私たちのリアルをわかってくれた」と彼女たちは感動したのでしょう。

文壇で全否定されても大ヒット

会員数も増え、第一部が完結したタイミングで小説にしようと彼は出版社回りを始めますが、まったく相手にされません。筆者のいたスターツ出版で引き受けることになったのですが、出版するや否や酷評の嵐。

「こんなものは小説じゃない」
「こんなものを出す出版社の良識を疑う」
「文学の恥さらしだ」

……何を言われても平気でした。彼は小説を書いているつもりがないのです。ツイッターの書き込みが文学的じゃないと言われて怒るユーザーはいませんよね？　同じことです。ケータイ小説はケータイ小説という新しいジャンルのコンテンツであって、紙の小説とはまったく別のコンテンツなのです。

新しいことは、ダメ出しされるもの

最終的に『Deep Love』は飛ぶように売れ、彼はいいか悪いかは別として、ホリエモンなどIT長者たちが住む六本木ヒルズの住人になり、成功者の仲間入りをします。

ここで、Ｙｏｓｈｉから学ぶべきは、新しいことを始める時の姿勢です。

彼は売れるための戦略を徹底的に深く考え抜き、迅速に実行にうつし、一度始めたら誰が何を言おうが妥協しませんでした。

まったく新しいことの種そのものは、一人の人間からしか生まれません。そんな時、身近な人や世の中からの抵抗もあって嫌われることもあるかもしれませんが、それは最後までやり抜く情熱を試されているのだと。彼を見ていて学んだことです。

Business Method 37

ファン心理への向き合い方とビジネス

『Deep Love』は書籍の発行前から、女子高生の間で爆発的に話題になっていました。主人公アユは初恋の人の手術代のために援助交際を続けた結果、エイズにかかって亡くなります。アユの死が配信された後、アユが倒れたセンター街のジーンズショップの前に菊の花が手向けられ始めます。

本を読んだことのない子が初めて買った本

みるみる菊の花が積み上がってゆき、祭壇のようになった街灯の下を眺めていると、店から店長が出てきました。「女子高生が次々に菊の花を置いていく。邪魔だから撤去したいのだが、女の子が花を置きながら泣いているんだよな…」と店長は驚きながらそう言いました。

『Deep Love』の読者には、女子高生ではあるけれど高校に行かずにセンター街にたむろし、援助交際でその日ぐらしをしているような子どもたちもいました。漢字もろくに読めない、本一冊も読んだこともないような子どもたちもいました。アユが死んだことを知っているということは、そんな子が『Deep Love』を読んでいるのです。そのことに心を動かされました。

本を読んだことがない子どもたちが、生まれて初めて最初から最後まで本を読んだ。完読したのです。書く人と読む人の目線が同じであり、アユの死が我がことのように思われた。

作品としての良し悪しは抜きに、彼女たちの心を捉えている。山のように手向けられた菊の花の数を数えながら、これだけ人の心が動かされたならば、この本は受け入れられ、売れると私は確信しました。

「推し」を社会に広げる手伝いこそがビジネス

時代は流れて、最近使われる「推し」という言葉は、ファン心理をよく表していると思います。主人公と一緒になって泣いて笑って、誕生日を祝い、物語が終わるとロス状態になる。

他人からは、なぜこんなものが？　そう思われる作品でも、熱烈な推しが生まれる作品は枚挙にいとまがありません。

しかし、ビジネスとして「推し」の対象を意図的に作ることは難しいです。「推し」がムーブメントとなるには、作り手に熱意があり、その熱意が世間に受け入れられなければなりません。その兆しを敏感にキャッチし、タイミングよく社会にその魅力を広げていくお手伝いをすることが大きなビジネスにつながります。

心の処方箋 心の奥にある心理は多くの人に共通しているもの。

Business Method 38

毒のあるものは惹きつける

売れる商品や作品には〝毒〟があります。世間の常識から少しだけ逸脱していることも多いです。

ヒット曲には毒がある

美川憲一のヒット曲『さそり座の女』をリアルタイムで聞いていた人は少なくなりましたが、タレントのコロッケのものまねで知っている方は多いかもしれません。

あの歌の出だしは「いいえ、私はさそり座の女～♪」です。常識的には「そうよ、私はさそり座の女」でしょう。しかし、曲の出だしから否定的。そこにまずは〝毒〟を感じさせます。

石川さゆりの『天城越え』も「あなたを殺していいですか～♪」の歌詞が強烈。当初、歌手ご本人も「これは歌えない」と拒否したとか。しかし歌は大ヒットしたのです。

毒は薬にもなる

リスクをとりたくない人は徹底的に毒のあるものを嫌います。

そうやってどんどん毒のないものばかりになって、現在ではテレビも新聞も雑誌も毒がなくなり、その結果、視聴者や読者に見放され、メディアの主流はネットへと移行しています。

面白いもの、売れるものには必ず毒がある。〝たまごっち〟はエサをやらないと死にますし、〝ちいかわ〟はかわいい外見の生き物たちが化け物にされたり、友だちと仲たがいしたりと、結構ひどい目に遭います。

だからこそヒットしたのです。

大きなビジネスには毒があります。その毒をどう飲み込み、消化し、ヒットする企画につなげられるのかがビジネスマンとしての技量でしょう。商品や企画も賛否両論があるからこそインパクトを与えます。

心の処方箋 「毒＝薬」を魅力としてとらえることを心掛ける。

Business Method 39

女性の共感力をビジネスに生かせ

女性を味方につけないと商品は売れない、とよくいわれます。女性の感性は素晴らしい。目にしたもので、直感的に「イイネ」と感じれば〝カワイイ〟と表現しますね。女性はじつにポジティブなのです。

女性の共感力は男性より上

女性が男性より流行に敏感である理由の一つに「共感性の高さ」があります。女性の共感したいという欲求が、周囲と共感できるアイテムや話題を探し出す力になり、その結果、流行が生まれるという仮説です。

進化心理学者のスーザン・ピンカーは、男性ホルモンのテストステロンが感情を読み取る神経の一部に影響を与えるために、男性は女性よりも共感力が低いと分析しています。

共感力は男女平等ではなく、生理学的に女性が上位です。

共感したい女性にとって、流行は欲求を満たすために必要な要素です。女性は男性にも共感を求めるので、男性は遅ればせながらも流行に乗ることになります。

21世紀も流行は女性から

昨今のＳＮＳ映えの大きなトレンドも女性が作ったものです。

男性ばかりだったサウナでも女性客が急増し、個室式専用サウナが増えたとか。キャンプ人気も女子高生が主人公のマンガ『ゆるキャン』の影響が大きいようです。

今後も多くのヒットは、女性が生み出すと考えて間違いありません。男性の間で細々と流行っているものにも、女性が参入できる道筋さえつければ、あっという間に大ヒットする可能性が高くなります。

なぜか？

それは、消費者の代表といわれる女性の、好奇心の強さ、情報感度と選別能力の高さが流行を支えているからです。

Business Method 40

「不易流行」

これは松尾芭蕉の言葉です。変わらないものの中に新しいものを取り入れていく。俳諧の極意とされている言葉です。

「不易」とは決して変わらないものや変えてはならないこと。

「流行」とは状況に応じ変わっていくもの、また臨機応変に変えていくこと。

変えてはいけないものを基本とする。その上で新しいものと融合することが大切だということです。

ヒット作の裏に神話もあり

ヒットする物語の多くが神話や古典を下敷きにしているのは、まさに不易流行の典型です。

例えば、映画のスターウォーズが神話の基本パターンを踏襲して作られたことは有名です。『天空の城ラピュタ』と『スターウォーズ』は同じ構造（普通の少年が特別な血筋の少女を助けるべく冒険に巻き込まれる）です。このように、古典的なストーリーを現代風に上手にアレンジして大ヒットさせているのです。

前述のケータイ小説の例でいえば、２００６年にメガヒットした『恋空』以来、久々に大ヒット作品が２０２３年に生まれました。

『あの花が咲く丘で君とまた出会えたら。』です。

ストーリーは第2次世界大戦中に現在の女子高生がタイムスリップ。神風特攻隊の青年と女子高生のはかない恋。これはまさに「不易流行」の典型的作品といえます。

Business Method 41

常に妄想せよ

妄想力をご存じでしょうか。ある漫画家さんから聞いた話ですが、彼は24時間妄想しているのだそうです。ご飯を食べても人と話していても、いつも漫画の世界の中で生きている。彼らには妄想こそ自分にとっての現実で、むしろ現実は妄想の材料にすぎない。それが面白い漫画を生み出す秘訣だそうです。

この発想はビジネスマンにも当てはめることができます。次に紹介するのはある経営者の話ですが、まさに妄想と行動の人です。

業界横断の協会をつくる発想

広告業界では電通と博報堂が大きくリードしています。

私の勤めていた広告代理店は新参者で、昔からの大手企業はこの2社が広告を押さえていました。この状況下では、広告をなかなか出してくれる会社はありません。

新しい商品を次から次へと出す乳飲料メーカーの広告ならば、なんとか食い込めるのではないかと考えた社長が「メーカーが一番意識するのは何だろう？」と聞きます。

「消費者ではないでしょうか」と筆者が言うと「消費者を全部味方になんてできないだろう」と言われました。しかし、しばらくして社長は言ったのです。

「誰がどこで消費してるかといえば、スーパーマーケットだ。ならば、スーパーマーケットを一手にうちの味方にしよう」

その場で日本チェーンストア協会という団体を立ち上げることにします。

その後、全国のほぼ全てのスーパーマーケットが加盟してくれました。そして、社長は「チェーンストア協会でお祭りをしよう」と言い出し、日本チェーンストアフェアというスーパーマーケットのフェアを企画。各メーカーに招待状を出し、そこにスーパーマーケットのバイヤーを集めます。全国のスーパーマーケットに商品を売ってもらいたいと願うメーカーは、ごまんとあります。そこでスーパーのバイヤーを一堂に集め、日本初の大商談会の運びとなったのです。

妄想し行動することがビジネスの秘訣

「弊社に広告依頼をいただければ、全国のスーパーマーケットに御社の商品を紹介いたします」

このような宣伝文句を合言葉にすることで、多くの飲食品メーカーが広告取引をしてくれるようになり、社長の目論見は成功しました。

今でこそ各種団体の商談会は当たり前ですが、当時は業界全体での商談会は非常に珍しく、注目を集めました。

社長は他にも大臣と大手企業の社長との朝食会の企画等、それまでなかった新しいことをやり続けた人でした。

その発想は「普段からの妄想」だと本人は言っています。

一緒に車に乗っていると、歩行者を見て「あの人は医者だな、あの歩き方や服装は医者だ」「どうもあの女性は美容師だな。君、車から降りてちょっと聞いてこい」と私に聞きに行かせます。今ならパワハラ、セクハラですが、実際に聞くことができると、7割方当たっている。

いつも「この人はどういう人なのか?」と人を見て考えることを習慣にしているのです。常に考え、思いを巡らす妄想力が、業界の慣例を破る多くの企画につながり、のちに広告業界第3位の躍進へと導いたのです。

新しい企画を求められて即座にアイデアが出る人は、何にでも興味を持って多様な材料をベースにシミュレーションしつつ、普段から常に妄想している人。ビジネスに必要な武器は妄想力から生まれます。あなたも妄想してみませんか?

ただし、ポジティブな妄想を。

あなたの仕事の壁を破ることができるかもしれません。

Business Method 42

固定観念を捨てれば新しいものが見えてくる

夏のかき氷、冬の石焼き芋。どちらも古くから愛されてきた日本の食べ物です。特に女性には大人気なスイーツとして、季節を問わずに喜ばれています。ここまで人気になったのはなぜなのでしょうか。

それぞれの魅力を追求

夏のかき氷。一昔前のかき氷といえば、氷屋から配達された氷を手動のかき氷機で削って器に盛り付け、〝イチゴ味〟〝ブルーハワイ味〟と称した口の中が赤や青に染まるようなシロップをかける。

ひと昔前、冬の風物詩としてスーパーなどの片隅の石釜で焼かれたサツマイモを買う客の姿。

そんな〝画一的な甘味〟が、今や四季を通して愛されるスイーツとして生まれ変わったのです。

名水でつくる天然氷をきめ細やかに削れてフワッフワッにできる機械を使い、本物の果物からつくるシロップを使って高級感と美味しさを強調。盛り付けも美しく女性の心を鷲掴みしたかき氷。

品種改良された糖度の高い芋を、低温で長時間加熱することによってデンプンを糖化させて蜜に変える。

「こだわりの氷、こだわりの芋」として、今日では一流のデパートでもスイーツコーナーに堂々と出店されて女性を中心に行列ができています。

柔軟性×こだわり＝新発見

かき氷も石焼き芋も、とことんその本質つまり魅力を見つめ直し、さらに研究を重ねていくことによって驚くほど生まれ変わったのです。

ここで申し上げたいのは２つ。

まず、たかが氷たかが芋、という固定観念を捨てることです。

固定観念とは「そういうものだと思い込む」こと。昔からある古い商品や文化を「そういうものだ」と決めつけるのではなく、一度ゼロベースで疑ってみること。柔軟な視座からヒントが見えてきます。

２つ目として、物事を再生する時に絶対に必要なことは、小手先だけではなく本質的なことを変えなければならない、ということです。氷は氷屋さんの氷に頼らず、自ら足を運んで天然水を使った氷を見つける。芋は、まず芋自体の栽培からこだわってみて、焼き方を研究する。そうすれば必ず、古いものの中にも新しさを発見できるはずです。

6章

人と差のつく仕事のとらえ方

Business Method 43

面接であなたを欲しいと思わせるために

中途採用は新卒採用に比べて、特に面接がより重視されます。

アパレルメーカーのユニクロのＣＥＯは自社の入社式で、新入社員を前に言ったそうです。

「キミたちはまだ半人前だと心してほしい」

つまり新卒はプロになるまでかなりの時間と努力が必要だということです。しかし中途採用は即戦力として、ビジネススキルもコミュニケーション能力も要求されます。

外資系の面接は大学院の口頭試問に近く、英語でのやり取りは当然として、専門知識について意見を聞かれます。現在の為替相場をどう考えるか、といったことをその場で答えたり、情報のセキュリティ対策について具体的なアイデアを求められたりといった質問をされます。

面接は人柄重視、コミュニケーション力重視

日本の企業は外資系に比べれば、ビジネススキルよりもコミュニケーション能力、会社でうまく溶け込めるかどうかにウェイトを置いた面接が行われます。日本式の面接では、

・簡単なことを、あえて難しく言わない
・前の職場の悪口を言わない
・嫌味を言われても（圧迫面接でも）感情的にならずに対応する
・自分の実績と能力を謙虚にアピールする

などのような、印象第一の対応が必要です。それとは別に専門部署からの質疑もあります。そちらは外資系ほどではないにせよ、踏み込んだ専門知識を問われます。

どのような会社に転職するにしろ、転職でスキルアップを狙うのであれば、これま

ではこういう仕事をしてきた、この会社でこういうキャリアを築きたいと明確かつ具体性のあるアピールをした上で、どの程度の貢献ができるのかを数字を交えてプレゼンできなければなりません。

営業職の場合はキャラクター勝負の部分もあります。何度も採用試験に落ちた人が苦肉の策で「自己紹介ラップ」を作り、面接官の前で歌ったら、面接官が爆笑して合格したという例もあります。営業職は人間相手の仕事なので、面接官の心を動かすことも必要といえます。

恥をかく覚悟をもちながらも、熱意をもって、自分を実直にうまく伝えられるような戦略を練ること。そして少しのユーモアを添えてみることを心掛けてみましょう。きっと志望する企業への入社は現実のものとなるはずです。

Business Method 44

社風というつかみどころのない空気

転職は必ずしもバラ色ではありません。転職してから「しまった！」と後悔する人も少なくありません。

２０２３年に株式会社識学が行った「中途採用に関する調査」（20～59歳の転職経験者３００名が対象）によると、転職を失敗・後悔したと思う人はなんと58・7％にも上りました。半分以上の人が転職に失敗したと思っているのです。

では、どんな時に転職で失敗したと思うのでしょうか。

その理由の3位が「上司との人間関係」、2位が「思ったより給与が低い」、1位はなんと「組織の風土・文化が合わない」だったのです。

意外なことに〝社風〟という見えないものが、転職を後悔する最大の理由なのです。仕事内容や収入、福利厚生については事前に知ることはできるでしょう。しかし明文化されていない社内カルチャーは、入社してみないとわかりません。

社風を知る方法はない

社風とのミスマッチを避けるにはどうすればよいでしょうか？

転職斡旋会社も社風まではチェックしていないでしょう。もちろん「明るい社風ですね」などといった当たり障りのないことは言われるかもしれません。しかし、突っ込んだ社風、雰囲気までは言及できないというのが実態でしょう。

社員のＳＮＳをチェックして社風がわかるかといえば、まず無理です。口コミサイトならば多少はわかるかもしれませんが、全てが本音で語られているとは限りません。

転職情報サイトを見ると、目的の会社周辺の飲食店で噂話を聞く、飲み屋で面接官以外の社員と知り合うなど探偵まがいのことが書かれていて驚きました。現実にそんなことまでやれますか…？

社風はどうであれ、自分が今までに経験してきた働き方や考え方が全てと思わないことが大切です。新しい環境に身を置くということは、何かしら違和感を覚えるもの。そのような葛藤の中で、新しい自分と出会うことが成長の糧の一つでもあります。

人は誘われたら動け、という鉄則

メンバーシップ型の人が転職で成功することは、特に難しいと思います。メンバーシップ型は会社人間なので、会社に慣れ親しんでいて他社のオフィススタイルに溶け込めません。自ら変わろうとしないかぎり難しいでしょう。

ジョブ型の人は、自分のスキルを会社で評価して報酬を支払ってもらうという考えの人が多く、会社や組織にあまりこだわりを持っていないようです。

どちらにしても、自分に縁のある他社から「このような条件で来ませんか？」と誘われ、求められるということは、一つ新たな道が拓ける可能性が大です。

昔から「誘われた時に動け。そこには道がある」という言葉があります。

では、どうすれば声を掛けてもらえるようになるのか？

じつは、私は数回会社を変えたのですが、その経験からいえること。

それは、まず日頃から縁のある方を大切にして付き合うこと。次に、自分自身を知ること。そして、自分の武器を自覚し、即活用できること。武器とは、仕事に対する能力です。

一つのことを突き詰めて、他の人よりも何でもいいので少しだけでも長けていることをみつけてみてください。それは立派な武器になります。

まずは一生懸命働き、「働いている中で何に興味をもっているのか？」「何を面白いと感じているのか？」「何をしている自分が自分らしいか？」を分析してみましょう。

人との違いがその人の特性であり、その特性を生かして働いていると、他者からは輝いて見えてくるものです。いつしか多くの人の目にも留まるようになります。

心の処方箋 武器は「馬鹿になること」「感謝すること」それだけでよい。

Business Method 45

中途採用だから見えること

会社には独自の社風がありカルチャーがあります。時としてそれは組織の硬直化を生み、無意識のうちにその会社特有のかたよった判断をしてしまいがちです。

最近は個人でも組織でも、客観的に自分たちを見て評価し判断する「メタ認知」が重要だといわれています。客観的に見ることができれば、社の硬直化を防ぐこともできるでしょう。

また、欠点や長所も意外と自分では正確に認識できていないもの。それは人間も会社も同じです。

中にいると気づけないことがある

転職先の新聞社で、初めて社屋に入った時、ワックスのような化学物質系の臭いがしました。「この会社は廊下に常にワックスをかけているのですね」と私が尋ねると、総務部の女性は不思議そうに「いいえ、かけていませんよ」と答えました。

あとでわかったのが、地下に印刷所があり、そこで使用するはインクの臭いだったのです。

この会社ではいい新聞を作ることに生きがいを持っている社員は多い。一方、売ることに対して人員不足だということに気付いていなかったようです。

社外の人は気づいても、社内の人は臭いに慣れて誰も気に留めなくなっていたワックスの匂いと、このことは通じているといえるのです。

転職先で望まれること

転職先で望まれることの一つに、外部からの視点があります。会社がどのように見られているか第三者目線で客観的にどうあるべきかを知ることは、切実なことです。50歳の筆者が若手の部類に入るほど、平均年齢が高い会社に転職したことがあります。転職後、社長から、会社がどのように見えるかのレポートを求められました。社内外の問題点をまとめて提出しました。

長年、一つの組織に居続けると慣れてしまいます。新入社員には、社内の人たちが見えていないものが見えることがあります。そこを押しつけがましくならないようううまく伝え、組織の活性化を図ることができたら、新参者としてまずは一つの大きな成果にもなるのです。

Business Method 46

いつでもどこでも真面目に真剣に

「真面目な良い人だ」とよく聞きます。たしかに日本企業に真面目な人は多くいます。しかし、真面目な人だけでは組織は成り立ちません。例えば、サーカスの空中ブランコで、命綱をつけているようでは観客から拍手はもらえません。〝真面目〟に挑んだとしてもです。プロだから命綱無しで必死に、つまり〝真剣〟に飛ぶのです。その姿に観客は感動し盛大な拍手をします。

自分に保険を掛けない〝覚悟〟をもって臨むこと。

真面目が悪いわけではありません。しかし、仕事は真剣でなければ成功しません。

働くこと、仕事すること

インタビュアーがアサヒビールの社長に「この会社では何人の人が仕事をしていますか?」と訊ねると、こう答えました。「会社で仕事をしているのは8名ぐらいだなぁ」インタビュアーは驚きました。当時、会社の社員は約2200人。しかしその中で、本当に仕事をしてくれているのは8人だというのですから。

〝働く〟ということと〝仕事〟をするということは違う。

「人が動く」ことが〝働く〟ということ。「仕掛ける事」が〝仕事〟です。

仕事は3億円の仕事もあれば、3千万円、3万円の仕事もあります。たとえ3万円の仕事でも、必死に越えなければならない壁があります。それを越えられるのは、真面目に働く人たちの力があってこそ。真剣であることと真面目であることが掛け合わさって、一つの事業は成立します。仕事は決して一人ではできないものです。

心の処方箋

あなたが真面目な働き手であるならば、それはそれで素晴らしい。

7章

ピンチのときこそ一歩踏み出せ

Business Method 47

思い上がりは大失敗を生む

なぜ人は失敗するのでしょうか。

自分は失敗しないと思う心理を心理学では「ポジティブバイアス」と呼びます。自分の期待に沿ったポジティブな情報だけを信じて、ネガティブな情報は無視をしたり気が付かないふりをする心理です。

詐欺にひっかかる心理がわかりやすいでしょう。オレオレ詐欺をポジティブバイアスで考えると、自分が困っている孫の役に立てるというポジティブな情報が優先され、ネガティブな情報、たとえば孫を名乗る人物が起こしたという事故状況のおかしさや警察の話のつじつまの合わなさを無視してしまうのです。

最大の失敗話

恥ずかしながら、生涯で最大の失敗話をします。

当時、広告代理店に勤務し、スポンサー企業から広告を集めてお金をもらうのが仕事でした。広告を出してもらうには広告を出したくなるような企画が必要です。

そこでポップソウルの女王、ダイアナ・ロスを呼び、日本公演を行うことを企画しました。

本来このような興行は、企画段階で企業まわりをしてメインスポンサーを決定してから全てがスタートします。もしスポンサーが決まらなかったり、チケットが売れ残ったりしたら赤字になってしまいます。

慢心が失敗を招く

これほどのビッグネームなので、チケット販売だけでも成功できると考えました。

スポンサーもすぐにつくだろうと、営業の基本である企画を持って企業回りをすることをせず、メインのスポンサーが決まらないままでスタートしてしまったのです。

まさにポジティブバイアス。思い上がりともいいますが、結果は大失敗でした。チケットは想定ほど売れず、大きなスポンサーもつかず、結果一千万円近くの赤字を出してしまいました。最初にスポンサーを決めた上で、この公演の契約をすべきだったのです。

ビジネスには常に謙虚な心で対応

ポジティブバイアスに囚われたら、そこから抜け出ることは容易ではありません。これだけ頻繁に詐欺の報道があっても被害者がいっこうに減らないのは、人間の本能にポジティブバイアスが組み込まれているからでしょう。

筆者自身も「今までの実績でなんとかなる」「きっとそのうちにスポンサーが見つかる」という思い上がりとつまらない自信から、止まって考え直すことを忘れていました。

やはり、常に謙虚であれということです。

慢心せずリスクを頭の隅に置き「これで大丈夫かな?」と自分の心に問い掛ける姿勢がミスを防ぎます。

心の処方箋 ビジネスの鉄則は「スポンサーを決めてから始めよ」

Business Method 48

逆風はチャンス

ビジネスが成功するかしないかは、風向きに左右されることがよくあります。

しかしその風は追い風がいいのか、向かい風がいいのか?

ヨットは追い風で進みますが、飛行機は向かい風で揚力が発生して気体が浮き上がります。世間の逆風にさらされている時が、意外なことにビジネスチャンスかもしれません。前述の、ケータイ小説『Deep Love』はテレビや雑誌で大人が非難すればするほど、逆に女子高生の間で売れてゆきました。

そうした意味で、むしろ世間の逆風が揚力となったわけです。

その場所で風を吹かせる

蕎麦屋をオープンさせようとする2人の職人がいました。Aさんは、商売はロケーションが一番重要だと、立地条件の良い駅近くの店舗を借りることに。

Bさんは、駅の周辺は家賃が高すぎるという理由で、残念ながらアクセスが少々悪い場所しか借りることができませんでした。

オープンすると、Aさんの店は人通りの多い場所ですから当然お客が入ります。彼の目論見通りです。一方、Bさんの店はロケーションが悪いため、お客もまばら。それでもBさんは味さえ良ければ必ず来てくれる、と接客や料金面にも気を配り、頑張り続けました。

Aさんはもともと、飲食店は人通りさえあれば儲かる、という考え方でした。

なんと1年後、Bさんの店はお客で満席の毎日に。一度訪れたお客がファンになり、リピーターとなってくれたのです。

場所の悪さというマイナスをマイナスとして捉えずにバネにして、遠くまで来てくださるお客に「美味しい」と喜んでくれるものを提供し続けたためです。

こうして、お客の〝口コミ〟という一番信頼できる方法で結果的に宣伝することができたのです。

現代は情報もあっという間に広がる時代です。その手法によっては、小さな風がやがて大きな風となることも可能なのです。

〝食のビジネス〟の本質は〝味〟。その本質を忘れず、知恵と工夫で風を吹かせることができます。どんなビジネスでも、〝本質〟を突き詰めていけばよいのです。

Business Method 49

ピンチを切り抜ける術

社長や経営者の下で働いてきて実感するのは、油断をすると彼らは虎のごとく〝噛みつく〟ということです。安心していたら、即座に噛んできます。ただし、それは心理的作戦の場合もあります。

人前で叱られる役割

ある大学の100周年記念の映画を映画会社と合同で出資して製作した時のことです。

見込み違いで前売りチケットがまるで売れていませんでした。そんな折、完成試写会に社長と2人で出席します。

映画を見終えて外に出ると、映画会社の専務が駆け寄ってきました。

「いかがでしたか?」と聞かれた社長は、私に向かって「君は明日から会社に来なくていい。クビだよ君は」と一言。

「彼が手を抜いているのが画面を見ていてよくわかりました。関係者の皆さんは一生懸命やっています。うちの担当者だけが無責任で、何も汗をかいていないことが映像から伝わってきました。深くお詫びいたします」

ひどい言われようです。そして「君はさっさと帰りなさい」と命令されたのです。

言われた通り、一人トボトボと歩いていると、その先に社長の車が待っていました。

「まさか製作した人の前で面白くないなんて言えないだろ」と社長。「だから君のせいにしたんだよ。ああ言っておけば、傷付く人はいないだろ」とニヤリ。

〝受け身〟をとるのも仕事

噛まれるというのは、こういうことです。こういう時に私が本気で悲しんでいてはいけないのです。要するにプロレスと一緒。私はやられ役です。

いかに受け身を上手くするかが私の務めであり、仕事の一部なのです。

したがって、ここでは、肩を落として一人で帰らないとストーリーにならない。叱られている時は、必要以上に悲しげにしていなければならないのです。

初めは〝本気〟なのかどうかがわかりませんから、噛まれた時の痛さと驚きはありました。

誰かを一喝することで周囲に緊張感をもたせ、結果的に業務を推進させるための手法であること。

それを瞬発力で認識し、理解し、耐えられるようにならなければなりません。

心の処方箋 バカを演じ切ることでピンチを切り抜ける。

Business Method 50

バカになってこそ得るもの

イソップ物語の「北風と太陽」皆様もご存じの話ではないでしょうか？

北風と太陽はどちらが旅人の服を脱がせられるか競います。北風がありったけの力で旅人に風を吹き付けました。しかし、旅人は震えながら着ているものを両手で押さえるばかり。今度は太陽が旅人を照らします。旅人は暑くなってたまらず上着を脱いでしまいます。

この話には、もう一つの勝負の話があったことを私は知りませんでした。

それは、「他の旅人の帽子をどちらが先に取ることができるか」というものです。

太陽が旅人を照らしつけると、陽射しを避けようと帽子を深々とかぶり、決して脱ごうとはしません。今度は北風が思いっきり強く風を吹かせると、旅人の帽子は簡単に吹き飛んでしまいました。

この帽子の話は、じつは小学生から聴きました。知らなかったことを知るということは、とても幸せです。恥ずかしいという思いを抱きつつも、小学生から学べたことは、とても新鮮で感動的でした。


この世の中、自分が知らないことのほうが知っていることよりも圧倒的に多いのです。

そして、老若男女を問わず、思いがけない人が、じつは豊富な知識と教養を備えていて、驚かされることもよくあることです。

意外な人から知らなかったことを見聞きしたとき、あなたはどのように対応しますか?

いくつになっても、どのような立場になっても、利口ではなくバカになれる人は、多くの人から教えていただけるチャンスがあります。ここで言うバカとは「決して偉く見せようとせず、利口に見せようなどと思わず、恥や外聞を捨てられる力」のことです。

スティーブ・ジョブズの言葉
「Stay hungry. Stay foolish.」
いつまでも満足せず、いつまでもバカであれ。

バカになって遅刻を誤魔化した

某ビール会社の社長との面会時の話です。

忙しい方なので、半年前からアポイントの調整をしていただいていました。

ところが、その前日まで出張で当日の朝に出張先から電車に乗ったものの、運悪く事故で遅延し、ギリギリでの到着です。

時間に厳しい方でしたので、激怒しているだろうと顔を見ずとも想像ができます。

社長と会うやいなや、さっと紙袋を差し出しました。

「これは何かね？」と社長が受け取りながら訊ねます。

「ワインです」。

ビール会社の社長にワインを渡すのは一般的に考えれば失礼です。

じつは、そのワインは上司への土産で買ったものでしたが、私はとっさに「甲州ワインです。美味しくってこれを飲んだらビールなんて飲めなくなると言われたので買ってきました」。

社長は大笑いし「よく言うわ」と言いながらも、スムーズに面談につなげることができました。バカになると恐怖の壁も越えることもできます。むしろ面白い奴、とその後も贔屓《ひいき》にしていただけるようになりました。時にはバカになる勇気も必要です。

俗に「偉い」と言われる人に近づくには、とても勇気が必要です。しかし、そのような立場の方は意外と孤独を感じているものです。遠慮をしすぎず、同じ空間を共有すること自体に喜びを感じられれば、怖気づくことはなくなります。

例えば、雑談で「このビルの玄関脇に白いくちなしの花が一輪咲いていましたね」などとたわいもない話から相手の懐に入り、事前に用意した自分の失敗談を、笑いを交えて話してみるとよいでしょう。そんなあなたに気を許してくれる可能性は高まります。決してビビらず、全力でぶつかってみると、意外に相手も本気で向き合ってくれるようになるのです。

Business Method 51

誤解をされたときの思考法

今はネットでの書き込みに、傷つき悩んでいる方も多いようですが、社会にはネガティブな思考の人間もいるものです。

所属する社内に怪文書が出回った経験があります。筆者に関する、全く根も葉もないことが書かれていました。最初に怪文書が出た時非常に驚いて、どう対処すればよいのかわからずじまい。

社内の人間は怪文書を書いた本人かもしれないので相談できず、以前から懇意にしていたある信頼のおける人物のところへ行きました。元警察官僚から国会議員になった方の事務所です。

悪口満載の怪文書はファンレター

その議員からは、怪文書が出て一人前だ、と言われました。人気投票だと思え、訴えるとか犯人探しをする必要はないと言うのです。

「ファンレターだから大事にとってある」と彼が机の引き出しを開けると、本当に彼への怪文書が束になって綴じられていました。

「こういう連中は君に憧れているんだよ。だから気にするなよ」と。

「世の中、元来仕事をしてない人間が多くいて、そういう人たちは、時間を持て余して人の足ばかり引っ張ろうとするものだ」と、彼が別れ際に言ってくれました。

それ以降、気にすることはないのだと思考を切り換えられました。自分がきちんと仕事をしていれば、たとえ何を言われても何も恐れることはない。悪口を言いたい人には言わせておけばいい。

Business Method 52

苦手な人でも縁は縁

相性が悪い人はいますし、なぜか自分のことを嫌う人もいます。私は数回転職をしたので、転職の度にその場所に馴染まないといけませんでした。馴染むには、絶対にこちらから相手を嫌ってはいけません。相手を好きになろう、という心が必要です。

敵を作らなければ無敵

〝情報が仕事〟の新聞記者たち。彼たちの間で伝説的な逸話があります。

橋本龍太郎元総理は高校時代剣道部でした。竹下登元総理は柔道部。この2人の違い。

橋本氏は剣道の大会で勝率6割とかなり強かった。

一方の竹下氏は柔道の試合で無敗。

一度も負けたことがないのです。でも一度も勝ったこともなかった。それも当たり前で、相手に対して腰を深く引いて技をかけさせない。全て引き分けに持ち込んだそうです。竹下氏はそれぐらい相手と戦おうとは思っていない人だったのです。

記者が政治ネタをつかんで橋本氏に取材へ行くと「君はあれを知っているか？　これは知っているか？」と上から目線なのに対し、竹下氏は、すでに知っているネタでも「すごいですね、知らなかったよ。また教えてくれよ」という対応。自然と情報が竹下氏の下に集まってくるようになったとか。

政権期間が橋本政権は短く、竹下氏は派閥を作って長期政権。これも、人を大事にしながら、情報も大事にしたことが要因なのかもしれません。

たとえ勝ったとしてもひとときのこと。

敵を作らず戦わなければ、負けることはありません。

甘い、と言われるかもしれませんが、争いは無駄です。

大和の心を尊ぶ

たとえ苦手な人にでも「袖すり合うも他生の縁」（たかが袖すり合っただけの人でも、それは前世からの縁だと思い、大事にしましょうという教え）という気持ちで接していれば、たとえ心を開いてくれなくても、敵意を露わにされることはありません。

「和をもって貴しとなす」という日本人の心です。

「大和魂」つまり大きな輪（和）をつくること。大和魂とは傷つくことを顧みず、敵中に突進する自己犠牲のような精神では決してありません。

多くの人たちと手をつなぎ、大きな輪を作っていくことなのです。

敵を作らないから無敵なのです。

8章

会社は人財がすべて

Business Method 53

「役立たず」が役に立つ

「これって何の役に立つの?」

ビジネスは、こんな疑問から始まることが多いのです。

突然の思い付きで命令する社長

ある社長はマンネリ化した社内の空気を一掃しようと「時間のある社員はみんな外出してきなさい」と号令したそうです。営業部だったら「世の中の生きたマーケティングリサーチでもしなさい」と受け取れるでしょうが、総務部も役員も全員外に出るようにとの令だったそうです。

人事部の社員は「これって何の役に立つの？」「意味があるのか？」と不思議に思っている様子だったのですが、「人事こそ、どの街にはどんな顔をしている人が歩いているのか、よく人を見てきなさい」との主旨だったのです。

しかし、それぞれが街で見聞きしたものを社内に持ち帰り雑談をすることで、不思議と〝大衆の心〟への関心が全社に生まれ始めたのです。

会社の不満ばかり言っていた社員が、外の空気に触れて着実に意識が変わり、「社会って？」「世間って？」という好奇心が芽生えました。「自分たちは今何をすべきか？」が明確になっていったのです。空気を入れかえることで、イノベーションの種さがしとして役立ちました。この会社はウイスキーの製造・販売とともに、水割の水も自社で製造していましたが、号令の後には若手社員から水単体を商品化する案が提案されます。「たかが水」の意見もある中、社是の〝やってみなはれ〟で「サントリー天然水」が誕生。今や№1ブランドとなっているのです。

ユニークな命令を出した社長

有名な話ですが、永谷園の〝ぶらぶら社員〟という肩書の社員。このアイディアの発信元は永谷園の社長。出社は自由、経費は使い放題、報告書も不要という夢のような待遇。「それって何の役に立つの？」と社内で陰口さえ出たそうです。

でも、ぶらぶらと海外にも出かけたりして歩き回って、ついにヒラメキ、誕生したのが「麻婆春雨」。今でも大人気の超ロングセラー商品です。

人はどう暮らし、何を悩み、何を欲しているのかを感じ取って〝大衆の心〟を掴んでこそ、喜ばれるビジネスにつながるのが原理原則です。これがビジネスの基礎。「それって何に役立つの？」という一見無駄なようなことから、ビジネスが生まれるきっかけになるものです。

今の時代はコスパ、タイパと無駄を省くことに血眼《ちまなこ》になっていますが、全てが合理的では面白いビジネスにつながりません。〝余裕〟から生み出されるアイディアには、人の心をくすぐる豊かさがあります。

心の処方箋　犬も歩かなければ棒にも当たらない。

Business Method 54

働くことは「傍《はた》」を「楽《らく》」にすること

国会会期中の霞が関。各官庁は深夜にもかかわらず、煌々《こうこう》と明かりがついています。まるで工業地帯のコンビナートのようです。国会質問での大臣の答弁書作りで、担当者の帰宅平均時刻は午前1時42分だとか。

働き方の今と昔

過労のお手本が、この国会待機といわれるものです。そして、働き方改革の旗振り役である厚生労働省の官僚もそこに含まれているわけです。

働き方改革とは、本来、国が定めて国が指導するものではありません。

今から思えば、昭和時代のサラリーマンの多くは〝ぶら下がリーマン〟でした。経営陣に盲従して、サラリーをもらって生活。でも、各々の生活のためにそれでよしとされたのは、もはや一世代より昔のことです。

今は多くは企業側から社員に歩み寄り、働きやすい職場環境にしようとしています。社員側も少しずつモノを言い、企業側に歩み寄ってきているのではないでしょうか。そんな企業と社員との関係こそが、働き方改革のあるべき姿では？

もともと「家族のために命を懸けて、家庭を顧みず働く」というのが日本の仕事スタイルでした。よく考えると、何だか矛盾していますね。家族を幸せにするためのはずが、その家族のことも顧みることができないなんて。

働ける場所がある幸せ

ある日、新橋駅近くのレストランで男女４人が楽し気にランチをしていました。首からは会社のＩＣカードを下げています。隅にいた1人の男性がその４人組の席に向かって「てめーらの声がうるせーんだよ」と睨みつけながら怒鳴りました。一瞬、店内はシーンとなり「首輪を付けてるからって調子に乗るんじゃねえよ」とまた大声。つまり、怒鳴った彼は会社のICカードが気に食わないのでしょう。「我々は会社員ですよ」とそれをひけらかしているように思えたのでしょう。

その男性の気持ちがわかるような気がします。働きたくても職の無い辛さ。まして同僚や仲間などもいない、そんな引け目を感じながら生きている辛さ。

どんな会社でも働けるのなら、まずはありがたく感謝をすること。

その上でいかにいい仕事をするかを考えていけばよいのです。

働くということ

正月、箱根駅伝の生中継をテレビ観戦していました。

「花の2区」で先頭争いを繰り広げる中、観衆の後ろで段ボール箱を脇に抱え、懸命に走る宅配業者さんの姿。

その懸命な姿に、私は「働く」ということへの感動を覚えました。

好きな仕事に就いている人は全体の22％だそうです。多くの人は食べるために、生活のために働いているのが現状です。

しかし、職がない人からすればいかに素敵なことか。

今、我が国は「熱意のある社員」「働く幸せを感じられる労働者」がともに、全体の５％しかいません。そして主体的でない人の割合は１４５ヶ国中最下位です。

仕事とは？　働くこととは？

自分が生きること。そして、自分が誰かの役に立ちたい、と願い行動すること。

働くとは「傍（はた）」、つまり〝そばの人〟を「楽（らく）」にする、というのが語源です。

そこから考えると、新しい働き方改革も見えてきます。

Business Method 55

人が働く理由

人生はよくマラソンに喩えられます。その人生のマラソンは、障害物レースのように過酷なものです。重い荷を背負い、時には暴風雨の中を、時には凸凹の山道を。

道に迷った時

コースが定められていたなら、ただひたすら走ればよいのですが、この人生のレースは不規則で定まっていませんし、必ず立ち止まらなければならない分岐点にも直面します。

その時に、「私は何をしなければならないのか？」と自問するはずです。

しかし、そんな時、自分に投げかける言葉を「私は一体何をしたいのか?」と切り替えてみる。

もしくは、もっとラフに「私は何をしてみたいのか?」と気持ちのハードルを下げてみてください。

きっと自分の方向性が見えてきます。

世間の目や期待など、重いものを背負いすぎている人は、どこかに一度下ろして一呼吸おいてみる。走らなくていいから〝歩む〟こと。つまり、急がば回れです。

期待されることに応えるのが、あなたの働く喜びですか?

自分がしてみたいことを選んで働いていると、喜びが自然と湧いてきます。

あなたは歩きながら、走りながら、何を神にお願いしますか?

「出世ですか?」「安定した生活ですか?」「やりがいのある仕事との出逢いですか?」

その願いは、いつかきっと叶えられると信じて。

Business Method 56

若手をやる気にさせたアイディア

会社では人財ほど大切なものはありません。経験値が多いベテラン・中堅社員はもちろん、若手社員の若い感性や発想力が会社を救うこともあります。

どんな企画でも、まずは素直な心で受け止め、しっかり検討する価値はあります。

これは、総合商社双日の実例です。当時、就任したばかりの社長には気がかりなことがありました。この会社の人事評価は、3段階の真ん中にあたるB評価が全体の7割。B評価の人材をどのようにしてA評価の人材に育てるか？　が急務だと考えました。

ビジネスには旬があり、新しいことに挑んでいかないと次がなくなります。

そうした会社の危機感から、社員の意識改革として「発想術プロジェクト」と銘打った新規事業コンテストを始めました。「こういう事業をやりたい」というアイディアがあったら、いつでもどんどん出すように呼びかけました。そのアイディアの中で事業化できるものには、奨励金を出すことにしたのです。これに若手社員をはじめベテラン社員も積極的にチャレンジし始めます。

その結果、3年目にはA評価は5割、B評価が3割、C評価2割までに改善されたのです。

プロジェクトの成果として、短期間で成長する早生樹をバイオマス燃料にする事業を立ち上げるなど、売り上げに大きく貢献。

企業はやはり〝人が財産〟。

社員のやってみたいというやる気が、仕事に取り組む喜びとなり、その会社全体のモチベーションを活性化してくれるのです。

心の処方箋 企業にとって、人は命。

Business Method 57

奇跡を起こした分析力

かつて世界の空を席巻していたパンアメリカン航空。

一方、同じアメリカにはダラスに本社を置くアメリカン航空という航空会社もあります。

このアメリカン航空は、世界のパンナム航空との競争に敗れ、過去に倒産の危機を迎えていました。

１９９０年、アメリカン航空本社での役員会では倒産計画が議論されていました。多くの役員が自分の退職金などを心配する中、末席のある役員が口を開きます。

「今、会社にあるお金全てを私に託してほしい」と。彼の腹案を聞いた役員のほとんどは大反対。しかし、ＣＥＯは彼に全てを賭けたのです。

彼は全米を回り、着実にその腹案を実行し続けました。

やがて、パンアメリカン航空では緊急役員会が開かれました。なぜかアメリカン航空に乗客が大量に流れていたためです。担当役員の分析では「アメリカン航空の機内サービスのジュースの味が良いからでは？」「キャビンアテンダントのスカート丈がアメリカン航空のほうが数インチ短いからだ」と迷走する始末。

そうこうしているうちに、1991年、なんとパンアメリカン航空が倒産してしまったのです。

アメリカン航空の施策は何だったのか？

それは、アメリカの重要都市にある全ての旅行代理店に、チケット手配端末機を無料で提供したのです。その端末には、優先的にアメリカン航空の空席情報が表示されるようにプログラムされていたわけです。

「航空会社の指名買い乗客」は全体の28％。

残りの72％の乗客は航空会社にこだわりがなく、発券窓口で最初に表示される便に乗る傾向があると彼は分析していました。

この分析をもとにして、会社を窮地から救う秘策を考え出したのです。

あっという間の逆転劇には、世界が驚きました。

置かれた環境に常に注意を払う観察力が分析力を生み、その分析力が新企画の発想力を生んだ。あなたにも、そのような力を発揮するチャンスがきっと巡ってくるはずです。

■ 著者プロフィール

山下　勝也（やました　かつや）

1945年7月4日　福岡県北九州市出身。

日本大学大学院芸術学研究科文芸学修士課程修了後、東急エージェンシー社長秘書兼スポーツ文化事業局局長を経て、スポーツニッポン新聞社総合推進本部本部長を歴任。

その後、スターツ出版の出版ディレクターとして仕掛けたケータイ小説「Deep Love」(Yoshi/ 著：累計売上 270 万部) が社会現象となる。さらには、ケータイ小説「恋空」(美嘉 / 著：累計売上 700 万部) を手掛け、メガヒットに導く。

現在、一般社団法人ビジネスグロース協会代表理事 (ビジネスサロン山下塾塾長)。

転職志望の若きビジネスマンとの懇親会・勉強会を主宰し、後進育成の講演会などで全国を奔走する。

座右の銘　「一歩踏み込む気力」「人を立てて、蔵を建てよ」

企画協力：吉田浩、潮凪洋介／編集協力：久野友萬、山木理代

運の掴み方がわかる仕事術

2024年8月2日　初版第1刷発行

■著　　者――山下勝也
■発 行 者――佐藤　守
■発 行 所――株式会社 大学教育出版
〒700-0953 岡山市南区西市 855-4
電話（086）244-1268(代)　FAX（086）246-0294
■印刷製本――モリモト印刷㈱

ISBN978－4－86692－231－7